Roland Mierzwa
Armut und die Corona-Krise

Roland Mierzwa

Armut und die Corona-Krise

Die „Vorrangige Option für die Armen" neu überdacht

Tectum Verlag

Roland Mierzwa

Armut und die Corona-Krise. Die „Vorrangige Option für die Armen“
neu überdacht

ISBN 978-3-8288-4520-6
ePDF 978-3-8288-7562-3

Umschlaggestaltung: Tectum Verlag, unter Verwendung des Bildes # 1733349776
von shiv.mer | shutterstock.com

Druck und Bindung: docupoint GmbH, Barleben
Printed in Germany

Besuchen Sie uns im Internet
www.tectum-verlag.de

Bibliografische Informationen der Deutschen Nationalbibliothek
Die Deutsche Nationalbibliothek verzeichnet diese Publikation
in der Deutschen Nationalbibliografie; detaillierte bibliografische
Angaben sind im Internet über http://dnb.d-nb.de abrufbar.

Vorwort

Britta Baas stellt fest, hätte es sich bei den Betroffenen von Covid-19 „nur" um Arme und an den Rand Gedrängte gehandelt, hätte Sars-CoV-2 sich allein Afrika ausgesucht, dann wäre die Epidemie keines „Corona-Tickers" in den täglichen Nachrichten wert gewesen. Sie weist auf den evangelischen Theologen Christian Wolff hin, den es anficht, dass in Deutschlands Kirchen zu diesem Zusammenhang kaum eine Anmerkung gemacht wurde (vgl. dies., 30.04.2020, 30).

Wolfgang Kessler machte nun deutlich, dass unter der Corona Krise immer noch wenig Solidarität mit den Armen besteht (vgl. ders., Mai 2020a, 4). Und bei gerechten Lösungen für die Zeit nach der Krise ist genau auszubalancieren, was gerecht im Sinne der Armen ist (vgl. ders., Mai 2020b, 7). Es muss nach einer Politik Ausschau gehalten werden, bei der die Armen nicht die Zeche bezahlen (vgl. ders., Mai 2020c, 6).

Und die soziale Bewegung „Ohne Rüstung leben" schreibt in ihrem Corona-Friedenstagebuch (9), am 29. Mai 2020, nachzulesen im Internet, dass es bei der Bewältigung der Corona-Krise nicht nur um Antworten auf ein Gesundheitsproblem geht, sondern dass die Schwächsten in der Krise vor einer humanitären Katastrophe zu bewahren sind.

An diese ersten Fragen von Britta Baas und von Wolfgang Kessler möchte diese Untersuchung anschließen und unter der neu vermessenen „Vorrangigen Option für die Armen" solidarische Wege für und mit den Armen aufzeigen. Dabei zeigt sich, wie frühere Überlegungen nun in der „Krise" auf der Höhe der Zeit sind.

Die Corona-Krise machte schmerzhaft deutlich, wie unzureichend die Gesellschaften weltweit auf die Armut reagieren. Es wird dringender Handlungsbedarf deutlich, damit Zuwächse für den Rechtspopulismus, für gewalttätige Auseinandersetzungen oder auch für Handlungen aus einer Hoffnungslosigkeit und Verzweiflung heraus vermieden werden können.

Flensburg, den 07.06.2020 (22:00 Uhr)

Inhaltsverzeichnis

1. Brennpunkte der Armut unter der Corona-Krise

Der SPIEGEL machte in einem Artikel deutlich, wie der Corona-Virus nicht nur auf geschwächte Milieus, geschwächte Schichten und geschwächte Gesellschaften traf. Die tiefe Kluft zwischen Arm und Reich wurde auf noch erschreckendere Weise deutlich. Und: Die Pandemie verschärfte die Unterschiede dramatisch. Gar nicht wenige Arme trugen deswegen eine „große Wut im Herzen". An vielen Orten lässt sich ein Zusammenhang zwischen Ungleichheit und hohen Infektionsraten „bis auf regionale, manchmal lokale Ebene hinunter belegen". Das birgt „ungeheuren sozialen Sprengstoff". Es wird etwas unternommen werden müssen, um die Eruption der Wütenden sowie Flüchtlingswanderungen zu verhindern (vgl. Pitzke/Sandberg/Schaap/Schindler, 30.05.2020, 86–88).

1.1. Inland

Einen Überblick über die (nationalen) Krisenphänomene in Verbindung mit der Armut gibt die Stellungnahme zur Corona-Pandemie und ihren Folgen der SAGE-Wissenschaftler*innen vom 15. Mai 2020 (Alice Salomon Hochschule Berlin). Dabei wird u.a. auf die prekäre Situation von alleinerziehenden Frauen, von Obdachlosen, aber auch von Suchtkranken hingewiesen. Es wurde aber auch problematisiert, dass sogenannte Risikogruppen unter den Armen „wieder" eine zusätzliche Stigmatisierungserfahrung machen. Aber auch mit Blick auf Geflüchtete und Asylsuchende problematisierte das Papier: „Zunehmender Rassismus erzeugt ein Gefühl der Bedrohung und einen Zwang zur Überanpassung" (7). Mit Blick auf die Inklusionsfrage stellten die Wissenschaftler*innen fest: „(…) der barrierefreie Zugang zu Informationen und zu Versorgungsleistungen für alle Menschen mit Beeinträchtigungen fehlt vielerorts" (9). Obdachlosen wird zumeist „eine Alternative zur Straße (…) meist nicht angeboten" (9).

1.1.1. Hartz IV

Wenn nachfolgend etwas zu Hartz IV ausgeführt wird, dann ist grundsätzlich voranzustellen, dass Hartz IV, so wie es ausgestaltet ist, eine herablassende Fürsorge-Leistung darstellt, die so niedrig ist, damit die Menschen nicht in Würde leben können, sich nicht gesund ernähren können sowie sich nicht ordentlich kleiden können (vgl. Butterwegge, 2020, 288; s.a. 215f.). Das ist gewollt, damit diese Hartz-IV-Armut im Interesse der Herrschenden, Reichen und Einflussreichen als Drohkulisse, Druckmittel bzw. Disziplinierungsinstrument abschreckend auf die übrigen Gesellschaftsmitglieder wirken kann, um deren Verhalten dadurch „positiv" im Sinne größerer Systemkonformität zu beeinflussen (vgl. Butterwegge, 2020, 126; s.a. 196). Darüber hinaus wird diese „materielle" Drohkulisse durch eine sozialpsychologische Drohkulisse ergänzt. Es wird – über Hartz IV – mit Abstiegsängsten der übrigen Bevölkerung gespielt, vielleicht mal zu denen gehören zu können, die nicht mehr ausreichend leistungsstark für den Wirtschaftsstandort sind, die nicht mehr nützlich und ökonomisch schwer verwertbar sind und die sich dann vielleicht dem Vorwurf ausgesetzt sehen müssen, ein „Sozialschmarotzer" zu sein und der „Standortgemeinschaft" auf der Tasche zu liegen (vgl. Butterwegge, 2020, 386; s.a. 208f.). Schließlich wirkt es auf die „Arbeitsgesellschaft" bedrohlich und macht Angst, wenn durch das „System" 1-Euro-Jobs der Berufs- und Qualifikationsschutz aufgehoben wurde (vgl. Butterwegge, 2020, 289). Die nachfolgenden Ausführungen zu Hartz IV unter der Corona-Krise machten nun deutlich, dass von der „herrschenden Politik" unter der Corona-Krise nicht entscheidend von diesem „Wirkungsmechanismus" von Hartz IV abgewichen wurde. Und damit wird der von Rainer Mausfeld (2019) beschriebenen „Absicht" der Eliten nicht gegengesteuert, der erwünschte sozialpsychologische Effekt der Armut aufrechterhalten. Mausfeld schreibt (Seite 80): „Denn sie (die Armut R.M.) verhindert Partizipation, erzeugt Lethargie und diszipliniert gerade diejenigen gesellschaftlichen Gruppen, die eigentlich das größte Interesse an einer Änderung haben sollten. Armut und Armutsängste sind der beste Garant der gewünschten politischen Lethargie der Bevölkerung: Wenn ein Fünftel der Gesellschaft keine politische Stimme hat, keine Organisationsform, keine mediale Repräsentanz, keine Lobbyisten für eine

Vertretung ihrer Interessen, in weiten Teilen hochgradig überwacht und diszipliniert ist, erhöht dies natürlich die Stabilität des Status herrschender Eliten. Prekarisierung kann folglich als eine neue Taktik der Herrschaftssicherung des Kapitals betrachtet werden. Denn die durch Prekarität bei den Betroffenen ausgelöste Furcht löst, so Pierre Bourdieu, auch bei den (noch) nicht Betroffenen Furcht aus, ‚eine Furcht, die im Rahmen von Prekarisierungsstrategien systematisch ausgenutzt wird. [...] Man wird den Verdacht nicht los, dass Prekarität gar nicht das Produkt einer mit der ebenfalls vielzitierten ‚Globalisierung' gleichgesetzten ökonomischen Fatalität ist, sondern vielmehr das Produkt eines politischen Willens. [...] Teil einer neuartigen Herrschaftsnorm, die auf die Errichtung einer zum allgemeinen Dauerzustand gewordenen Unsicherheit fußt und das Ziel hat, die Arbeitnehmenden zur Unterwerfung, zur Hinnahme ihrer Ausbeutung zu zwingen".

Dadurch dass Tafeln geschlossen hatten, für Kinder warme Mahlzeiten in Schule und Kita wegfielen, keine Spielräume für Bevorratungskäufe bestanden (bei steigenden Preisen für Lebensmittel), drohte nach der Verbraucherorganisation Foodwatch Mangelernährung (vgl. Hacker, 05.05.2020). Die „kleine" Lösung beim kostenlosen Mittagessen für Kinder aus armen Familien vom BMAS (vgl. Lehmann/ Kutter, 23.04.2020, 6) war hierbei nur eine dürftige Lösung. Vor allgemein gerechten Lösungen, die auch Hartz-IV-Bezieher*innen erreichen könnten, wurde lange Zeit ausgewichen – das wird daran deutlich, dass von der Politik zunächst nicht auf so Lösungsvorschläge wie einen Bevorratungszuschuss (vgl. www.labournet.de/... 4.05.2020), einen Einkaufsgutschein im regionalen Handel in Höhe von 250 Euro (vgl. Rudzio, 07.05.2020, 20) oder das „Bedingungslose Grundeinkommen" (vgl. Koch, 28.04.2020, 6) eingegangen wurde. Und „selbst in dieser Krisensituation konnte sich die große Koalition nicht dazu durchringen, auch Kindern im Hartz-IV-Bezug wenigstens den sogenannten Kinderzuschlag in Höhe von 185 Euro zu gewähren, den Familien mit geringem Einkommen nun vereinfacht beantragen können" (Mängel, Juni 2020, 11). Etwas Linderung ist nun aber angesagt, dass der „Kinderbonus" von 300 Euro aus dem Konjunkturpaket auch ungekürzt bei Hartz-IV-Empfängern*innen ankommt, bei einer gleichzeitigen Mehrwertsteuersenkung von Anfang Juli 2020 bis Ende Dezember 2020 (vgl. taz 05.06.2020, 2). Dennoch bleibt im Großen und Ganzen die soziale Schieflage bei Hartz-IV-Empfängern*innen bestehen, so die Bewertung des Konjunkturpaketes durch Anton Hofreiter (vgl. taz 05.06.2020, 3), der Kommentar von Saskia Hödl (vgl. taz 06./07.06.2020, 10) und das Interview mit Sebastian Dullien (vgl. taz 06./07.06.2020, 3).

Auch bei der digitalen Kluft, die bei Hartz-IV-Haushalten besteht (vgl. Lehmann, 14.04.2020, 2; Wasilewski, 30.04.2020) und wo das Hartz-IV-Regime nicht wirklich konstruktiv hilfreich ist (vgl. Wasilewski, 20.04.2020), wurde am Anfang der Corona-Krise zunächst nur in sparsamen Umfang eine technische Lösung gefunden, indem nun einige Bundesländer Ende April leihweise einige iPads, Tablets und Notebooks für bedürftige Kinder zur Verfügung stellten (vgl. Lehmann/Kutter, 23.04.2020, 6). Nach Thomas Wasilewski's Einschätzung war man beim Sozialgericht Düsseldorf und dem Jobcenter anscheinend der Meinung, „dass ein Computer und Drucker für Kinder aus armen Familien im Homeoffice überflüssig ist" (Seite 2). Es müssten aber Initiativen erfolgen, damit die Lehrer*innen an den Schülern*innen (der Hartz-IV-Haushalte) näher dran sind (vgl. Severine Thomas, 14.05.2020, 30). Dazu müsste auch ein „Support" beim digitalen Lernen durch „digital natives" organisiert werden. Einzelne Beispiele persönlichen Engagements müssten zu einer breiten Verantwortungsübernahme durch die Länder führen (s.a. den Beitrag von Burchard und Warnecke, 07.05.2020, 19). Beim Umgang mit Schulkindern beteiligte sich der Staat zunächst an der Verschärfung sozialer Ungleichheit. Für Abiturprüfungen wurde eine Lösung gefunden, weil hier ja überwiegend „systemrelevante Kinder" sind, aber „Unterschicht-Kinder" mit Schulproblemen wurden überwiegend alleingelassen (vgl. Wasilewski, 30.04.2020, 4). Betrachtet man sich die Posten von 2,51 Euro pro Erwachsenen und 2,07 Euro pro Kind „für Kauf und Reparatur von Festnetz- und Mobiltelefonen und anderen Kommunikationsmitteln" im Hartz-IV-Regelsatz, dann zeigt sich, dass das Grundrecht auf Bildung nicht zum Hartz-IV-Kind passt. Das Recht wird von den Verantwortlichen zunächst nicht ernst genommen und einfach beiseitegeschoben.

Es wird nun in den kommenden sechs Monaten bis zu 1,2 Millionen zusätzliche Bedarfsgemeinschaften geben (vgl. Peduto, 06.05.2020). Dabei fallen viel mehr Frauen aus dem Arbeitsmarkt, weil von Frauen dominierte Sektoren davon betroffen sind: Dienstleistungsgewerbe, die Gastronomie, der Tourismus oder der Handel (vgl. Tertilt, 04.06.2020, 7). Das entscheidende Problem hierbei ist, dass es zwei Klassen von Hartz-IV-Beziehern*innen geben wird – durch die neuen Regelungen. Der Zungenschlag, der dabei mitschwingt ist der, dass zwischen Schuldigen und Unschuldigen unterschieden wird. Harald Thomé, Jurist bei der Erwerbsloseninitiative Tacheles kritisiert. „Auf der einen Seite haben wir nun die ‚guten Erwerbslosen'. Die, nichts für ihre Situation können, weil Corona daran schuld ist. Auf der anderen Seite gibt es die restlichen Beziehenden, die schlechter gestellt sind. Dabei sind sie in den allermeisten Fällen genauso unverschuldet in die Erwerbslosigkeit oder ins Aufstocken gerutscht wie jetzt die Corona-Arbeitslosen" (in: www.labournet.de,… abgerufen am 04.05.2020).

Die „restlichen" Beziehenden von Hartz IV konnten unter der Corona-Krise „keine Glücksgefühle entwickeln" (Klöckner, 03.05.2020, 2), weil sie, auch unter der Corona-Krise extrem stark die „Armut jeden Tag" spürten (vgl. Wasilewski, 30.04.2020, 5) und auch in dieser Zeit erleben mussten, dass „die Scheiße immer den Berg runterrollt" (ders.) – d.h. wer unten steht, kriegt alles ins Gesicht. Dort wo andere – noch in der Corona-Zeit – aus dem Vollen schöpfen konnten, bleibt den Hartz-IV-Beziehern „oft nur die Scham vor der eigenen Armut" (Klöckner, 03.05.2020, 3). „Wer in armen Verhältnissen aufwächst, bildet den so genannten ‚Notwendigkeitshabitus' aus, wie ihn der französische Soziologe Pierre Bourdieu erkannt hat. Das Denken, die Wahrnehmung der sozialen Welt, ist so stark von Entbehrung geprägt, dass die gesamte sich entwickelnde Persönlichkeit durch den Mangel an Ressourcen und folglich eben auch an Möglichkeiten gekennzeichnet wird" (Klöckner, 03.05.2020, 3).

Ein Beitrag im SPIEGEL (23.05.2020, 23–30) zur Generationengerechtigkeit zeigt auf, dass durch die Corona-Krise für die Zukunft „zusätzliche" Hartz-IV-Bezieher*innen aus der jungen Generation produziert werden könnten, weil durch Schulschließungen Schüler aus ärmeren Verhältnissen Bildungslöcher entwickeln, weil Ausbildungsplätze gestrichen werden resp. Ausbildungsverträge zurückgezogen wurden bzw. Ausbildungsinhalte im Rahmen der dualen Ausbildung infolge des Notstandes nicht vermittelt werden konnten, weil Masterarbeiten nicht praxisnah geschrieben werden können und man dadurch schlechter qualifiziert ist, was sich negativ auf die Einstellungschancen auswirkt, weil befristete Arbeitsverhältnisse bei jungen Arbeitnehmer*innen gekündigt wurden. Es kann dann sein, dass Teile dieser Generation das Stigma langer Arbeitslosigkeit oder unterqualifizierter Arbeit aufbaut, was dazu führen kann, dass ein Teil dieser Menschen dauerhafter im Hartz-IV-Bezug verbleibt. Kann dadurch, weil die „soziale Frage" dramatisch wird, die Sorge um das Klima zum Luxusdiskurs für die „Generation-Greta" werden fragt der SPIEGEL (23.05.2020, 29). Andererseits kann die Erfahrung der „Verletzlichkeit" in dieser Generation den Impuls geben zu einem nachhaltigen Wandel „unserer Gesellschaft". Abschließend machen die Autoren des SPIEGEL-Artikels (Dettmer/Hornig u.a., 23.05.2020, 30) deutlich, dass diese Erfahrungen dazu führen können, dass die Diskussion um das bedingungslose Grundeinkommen von dieser Flanke her einen Aufwind bekommt.

1.1.2. Obdachlosigkeit

Die Situation der Obdachlosen wurde unter der Corona-Krise schwieriger, weil viele Notunterkünfte unter der Pandemie geschlossen hatten. Auch Aufenthalt-Treffs hatten geschlossen, weil die Abstandsregeln und Hygienevorschriften einen Betrieb nicht mehr möglich machten. Viele Obdachlose hungerten, weil sie auch nicht mehr so viel Spenden sammeln konnten, weil weniger Menschen auf der Straße waren (vgl. Nehls, 27.03.2020; s.a. Jeska, Pfingsten 2020, 7). Viele Obdachlose gingen zuvor in öffentliche Einrichtungen wie Bibliotheken, um sich z.B. über das Internet über behördliche Anweisungen zu informieren, Mobiltelefone zu laden oder sich einfach aufzuwärmen. Durch die Schließung nahezu aller öffentlicher Einrichtungen in der Anfangsphase der Corona-Krise waren diese Möglichkeiten weggefallen (vgl. Walther, 6.04.2020, 3).

Und es kamen neue Obdachlose dazu, weil unter der Corona-Krise nicht mehr einfach so mal beim Kumpel auf dem Sofa übernachtet werden konnte. Aber auch der Arzt Gerhard Trabert wisse, dass viele obdachlose Frauen früher missbraucht wurden und nun in der Lebenslage Obdachlosigkeit „ihren Frieden" finden (vgl. Lobenstein,

07.05.2020, 4). Unter der unter der Corona-Krise regional zugenommenen häuslichen Gewalt (vgl. Wiedemann, 29.04.2020, 19; Ringelstein, 11.05.2020, 10) wird auch Missbrauch sein, so dass zu erwarten ist, dass auch deswegen bei dieser Gruppe die Obdachlosigkeit zunahm.

Die Situation der Obdachlosen wurde darüber hinaus existenziell prekär: „Die Leute draußen trauen sich nicht mehr zu uns, um irgendetwas abzugeben" (vgl. Nehls, 27.03.2020). Und unter den Obdachlosen nahm die Gewalt zu: Sie „schlagen sich und beklauen sich" (dies.). Und wegen dem Coronavirus waren am Anfang an vielen Orten die Toiletten zu. Es gab weniger Möglichkeiten zum Duschen.

Unter den Obdachlosen sind Hochrisikopersonen. Viele rauchen, haben Vorerkrankungen, die nicht behandelt sind, das Immunsystem ist teilweise geschwächt. Viele Obdachlose haben ein geringes Wissen über die Gefahren einer Infektion und zeigen auch eine gewisse Sorglosigkeit gegenüber einer Corona-Erkrankung (vgl. Walther, 06.04.2020, 3).

Bei den Obdachlosen besteht ein besonderes Übertragungsrisiko durch Corona über gemeinsam genutzt Matratzen, durch gemeinsam genutztes „Geschirr" und durch den Aufenthalt in den beengten Verhältnissen in Not- und Sammelunterkünften (vgl. Walther, 06.04.2020).

Weil viele Obdachlose ein Alkoholproblem haben, in den Notunterkünften ein Alkoholverbot besteht, bestehen zusätzliche Probleme für diese Menschen ein adäquate Lösung zu finden.

Ein „soziales Element" des Obdachlosenlebens wurde nicht mehr möglich, weil den Obdachlosen von Sozialarbeitern*innen vermittelt wurde, dass man nicht mehr Zigaretten, Alkohol und Schlafplätze mit anderen Obdachlosen „teilen" dürfte (vgl. Nehles, 27.03.2020, 8); und trotzdem suchen sie die Nähe zueinander (vgl. Jeska, Pfingsten 2020, 6).

Christoph Butterwegge konstatierte Anfang Mai 2020, dass im Obdachlosenmilieu teilweise Verzweiflung um sich greift (vgl. ders., 07.05.2020, 5). Aber es gab auch eine überwältigende Hilfsbereitschaft, die den Obdachlosen in ihren Notlagen half – und so die Verzweiflung linderte (vgl. Meggers, Mai 2020; Brandhorst, Mai 2020; Jeska, Pfingsten 2020, 7).

1.1.3. Straßenkinder

Nach einer Studie des Deutschen Jugendinstituts leben etwa 6500 Straßenkinder in Deutschland. Unter der Corona-Krise wurden es mehr. Sie flohen vor Gewalt und Missbrauch aus lauter Verzweiflung auf die Straße.

Ihnen ging es unter der Corona-Krise wie vielen Obdachlosen. Weil die Passanten von der Straße verschwunden waren, fehlt Geld durch das Betteln für Essen und Drogen. Und wenn sich die Drogenabhängigen unter den Straßenkindern keine Drogen mehr kaufen konnten, kamen die aggressiven Durchbrüche.

Mit den geschlossenen Einkaufzentren fehlten warme Orte und Toiletten – das war für Mädchen ein großes Problem.

Es kann sein, wenn sich nicht um die Straßenkinder gekümmert wird, dass zu den seelischen Verletzungen, wegen denen sie auf die Straße flohen, neue psychische Probleme und Ängste hinzukommen können.

Ein Problem bei dem-sich-Kümmern um die Straßenkinder war, dass man wegen den Distanzvorschriften nicht mehr so viel „Nähe" gelebt werden konnte. Den Straßenkindern musste gesagt werden, dass eine Umarmung nicht mehr möglich war.

Der Verein „Straßenkinder e.V." ist trotzdem sehr engagiert, um den „neuen" Straßenkindern unter der Corona-Krise beizustehen. Mit warmen Essen, Rechtsberatung, Duschmöglichkeiten, Schlafsäcken und auch mit einem Wunschlied, wenn man die Anlaufstelle betritt (vgl. Graen, 2.04.2020; Strassenkinder-ev.de/2020/04/09/…).

1.1.4. Die ländliche Situation

Armut hat im ländlichen Raum ein anderes Gesicht. So laufen Hartz-IV-Bezieher schon einmal 12 Kilometer zum Einkauf in die Stadt, um die Buskosten zu sparen – denn dadurch können sie sich wieder einmal satt essen.

Oder ein Ehepaar, das von der Rinderzucht in Sachsen-Anhalt lebt. Sie verdienen dadurch so wenig, so dass sie kein Geld übrig haben zum Erhalt des Hauses. Auch ein Urlaub ist nicht drinn. Heizmaterial wird mühsam im Wald beschafft. Dem Ehepaar bleiben nach Abzug der Fixkosten 400 Euro „zu Leben" im Monat.

Wenn bei Hartz-IV-Beziehern auf dem Lande selbst kein Fernseher da ist, weil das Geld für die Reparatur fehlt, aber auch kein Handy oder ein Computer vorhanden sind, dann sind diese Menschen von lebenswichtigen Informationen während der Corona-Krise abgeschnitten.

Viele Menschen auf dem Land leben infolge ihrer Armut sehr isoliert – das wurde unter der Corona-Krise extremer (vgl. MDR.DE 08.04.2020).

1.2. Europa

1.2.1. Flüchtlingslager/Flüchtlinge nach Europa

In den Flüchtlingslagern an den EU-Außengrenzen droht eine humanitäre Katastrophe. „Viele sind hoffnungslos überfüllt, so auch das Lager bei Moria auf Lesbos, das größte auf den griechischen Inseln. Über 20000 Menschen leben in dem für weniger als 3000 Geflüchtete ausgelegten Durchgangslager, viele von ihnen schon seit Monaten oder gar Jahren. Unversorgte Krankheiten, Gewalt und Demütigungen gehören zum Alltag.

Angesichts der staatlichen Vernachlässigung ist es einzig der Initiative der Geflüchteten selbst zu verdanken, dass bislang kein Fall von Covid-19 in Moria festgestellt wurde. Eine Ausbreitung ließe sich kaum eindämmen, denn die hygienischen Zustände sind katastrophal: Abstand halten ist so gut wie unmöglich, allein vor der Essensausgabe müssen die Menschen täglich dicht gedrängt warten. Über hundert Flüchtlinge teilen sich eine Toilette, sauberes Wasser und Seife sind häufig nicht verfügbar. Überdies gibt es auf den Inseln nur wenige Kapazitäten, um eine mögliche Infizierung mit dem Virus zu testen, und kaum Intensivbetten" (Lenz/Starosta, Mai 2020, 13).

Andere Hinweise über die katastrophale Lage bietet Pro Asyl: „1300 Personen sind es, die sich laut Zahlen der Menschenrechtsorganisation (...) im Lager Moria auf Lesbos einen Wasserhahn teilen, 500 kommen auf eine Dusche. Kinder, die auf Brettern über die schlammigen Wege eines riesigen Not-Camps balancieren. Umgeben von hohen Zäunen. Mit Fäkalien verseuchtes Wasser, das bis an Zelte und Matratzen läuft" – die Bilder aus Lesbos, Kos, Samos, Chios und Leros ähneln sich sehr (vgl. Senkbeil, 24.05.2020, 4).

Als Präsident Recep Tayyip Erdoğan Ende Februar einseitig die Grenze öffnete, reiste „rechter Mob" aus verschiedenen europäischen Ländern an die griechische Grenze. Es kam zu Angriffen auf Geflüchtete, Aktivisten*innen und Journalisten*innen (vgl. Lenz/Starosta, Mai 2020, 14).

Auch durch Grenzschutzmaßnahmen der Polizei kam es zu einer Gefährdung von Flüchtlingsbooten und es wurde Tränengas eingesetzt, selbst gegen Kinder (vgl. dies.).

Mitte April 2020 bereitete man sich in Griechenland für die Abwehr weiterer aus der Türkei kommender Flüchtlinge vor – mit dem Argument, dass die Menschen infiziert seien. So instrumentalisierten beide Seiten die Menschen (vgl. Lenz/Starosta, Mai 2020, 16).

Der Evakuierung der Minderjährigen aus Lagern verweigern sich die europäischen Nationen weitgehend. 47 Kinder sollen nach Deutschland geholt werden. „Nach Angaben des UN-Flüchtlingshilfswerks, Stand 12. Mai, will Großbritannien 16 Minderjährige aufnehmen, Luxemburg 12, Portugal 500, die Schweiz 22 und Finnland 100. Österreich 0. Insgesamt sollen rund 1600 Jugendliche in der EU untergebracht werden – von 14000" (Senkbeil, 24.05.2020, 4). Die Aufnahmebereitschaft in den Städten (in Deutschland) ist allerdings wesentlich größer – z.B. in Berlin, Rostock, Greifswald und Neubrandenburg. Doch bevor Kinder und Jugendliche kommen dürfen, müsste das jeweilige Bundesland ein Aufnahmeprogramm beschließen (vgl. dies.).

Darüber hinaus könnten „noch" viele Asylbewerber aus Deutschland zusätzlich wieder nach Griechenland und Italien abgeschoben werden. Deutschland versucht die Abschiebefristen zu verlängern, um durch die Corona-Krise verlorene Zeit wiederzugewinnen, dafür sucht es nach Einschätzung von Pro Asyl ein Schlupfloch in den gesetzlichen Regelungen (vgl. von Hardenberg, 16./17.05.2020, 8).

Ergänzend ist darauf hinzuweisen, dass z.B. Malta Mitte April ankündigte, dass sie keinen Migranten mehr helfen könne, die von Afrika nach Europa übersetzen, weil Polizei und Militär ihre Ressourcen auf die Bekämpfung von SARS-CoV-2 konzentrieren würden (vgl.

Jakob, 14.04.2020, 10). Das war wohl ein vorgeschobener Grund, wie verschiedene Fälle verweigerter Seenotrettung, sogar mit Waffengewalt, zeigten (vgl. Jakob, 02.06.2020, 2). Allerdings darf man das rigide Verhalten Maltas nicht allein Malta zum Vorwurf machen – es ist Teil einer Handlungs-/Verantwortungskette. Malta ist auch von den EU-Ländern alleingelassen, weil es keinen verpflichtenden Verteilmechanismus für alle Menschen, die in der EU ankommen, gibt (vgl. Beisel/Meiler, 06./07.06.2020, 9).

1.3. International

1.3.1. Afrika – die besondere Verletzlichkeit infolge absoluter Armut durch Corona

Seit Mitte April 2020 wurden steigende Infektionszahlen in Afrika festgestellt. Diese Entwicklung trifft nicht nur auf schwache Gesundheitssysteme[1], die wegen Misswirtschaft und Korruption so marode sind (vgl. Schlindwein, Mai 2020, 72), sondern auch auf extrem mangel- und unterernährte Kinder, wie in Somalia (vgl. Dimbil, April 2020), die dadurch extrem anfällig für Viren sind. Darüber hinaus sind die Immunsysteme vieler Menschen in Afrika durch Krankheiten wie HIV, Cholera und Malaria geschwächt und daher die Risikogruppe im Vergleich zu Europa proportional viel größer anzunehmen (vgl. Böhm, 16.04.2020). Und dann noch dieser Sachverhalt: „Fast 40 Prozent der Afrikaner hätten zu Hause keine Möglichkeit, sich die Hände mit Wasser und Seife zu waschen“ (Unicef, 13.04.2020). Deswegen stehen Kinder zu Hunderten mit Kanistern täglich an einer Wasserquelle Schlan-

1 So ist die Zahl der Intensivbetten sehr gering: In Äthiopien kommen 150 Intensivbetten auf 105 Millionen Menschen; in Mali 6 Intensivbetten auf 18 Millionen Einwohner*innen; und in Ruanda stehen 8 für zwölf Millionen Menschen bereit (vgl. Monath, 23.04.2020, 4). In Somalia gibt es kein Beatmungsgerät, in der Zentralafrikanischen Republik drei Beatmungsgeräte, in Nigeria stehen für 200 Millionen Einwohner*innen 100 Beatmungsgeräte bereit (vgl. Ludwig/Reuss, 25./26.04.2020, 8). „In 41 afrikanischen Ländern gibt es zusammengenommen gerade einmal 2000 funktionierende Beatmungsgeräte, in den übrigen 13 Ländern fehlen diese gänzlich – oder die Stromversorgung ist zu unzuverlässig, um die Apparate am Laufen zu halten“ (Schlindwein, Mai 2020, 72).

ge. Hier ist Social Distancing praktisch unmöglich (vgl. Schlindwein, Mai 2020, 73). Auch die Lebensbedingungen – Leben zu zehnt in einem Haus mit einem Raum – erschwerte es Regeln zu sozialem Abstand einzuführen, um Infektionskreisläufe zu unterbrechen. Dadurch dass der Nachschub an Desinfektionsmitteln, Masken, Handschuhen etc. nur spärlich erfolgte und darüber hinaus auch unglaublich teuer geworden war, arbeiteten viele Klinikteams relativ ungeschützt. Hier dürfte man nicht leichtfertig Zuversicht bzgl. der Situation in Afrika verbreiten (vgl. Dorries, 2./3.05.2020), sondern auf andere Hotspots der Armut schauen – wie z.B. die Amazonas-Stadt Manaus[2] – wo man eine Vorstellung davon bekommt, was sich in Afrika noch abspielen könnte.

Ende Mai sind die gemeldeten Corona-Toten auf dem afrikanischen Kontinent relativ gering: 3000 von mehr als 330.000 Todesfällen weltweit. Experten geben unterschiedliche Gründe an: Zum Beispiel das warme Klima, die junge Bevölkerung oder es werden viele Covid-19-Opfer gar nicht erst als solche diagnostiziert. Ein Hinweis auf das letzte Argument bietet sich in Nigeria, wo bis zum 23. Mai lediglich rund 200 Coronatote gemeldet wurden, obwohl die Totengräber in der Stadt Kano beispiellos viel zu tun haben. Ein viertes Argument ist, dass die Pandemie erst viel später ihren Höhepunkt in Afrika erreichen wird. Das zeigt sich an Südafrika, das trotz einem harten Lockdown die Zahl der Neuansteckungen nicht eindämmen konnte. „Bis Ende des Jahres müsse am Kap der Guten Hoffnung mit bis zu 50000 Toten gerechnet werden, sagen Pessimisten", obwohl bisher erst 360 Opfer gezählt wurden (vgl. Böhme/Dieterich/Seibert/Tandler, 23.05.2020, 2). Ein fünftes Argument ist, dass in einigen Ländern schon frühzeitig und entschlossen der Kampf gegen das Corona-Virus aufgenommen wurde, zum Beispiel in Sierra Leone – nicht nur wegen der zurückliegenden Erfahrungen mit Ebola, auch weil man sah, was in Europa geschah (vgl. Bah/Ivil/Prager, 23.05.2020, 3).

Diese Situation ist nicht „natürlich" und hängt auch etwas mit einer seit vielen Jahren versagenden WHO zusammen, die deswegen versagt, weil sie von Big Pharma und Big Food durch die Hintertür

2 Vgl. https://www.arte.tv/de/afp/neuigkeiten/buergermeister-von-amazonas-stadt-bittet-greta-thunberg-wegen-corona-um-hilfe abgerufen am 3.05.2020)

(z.B. über die Gates-Stiftung) gekapert wird bzw. zumindest in Interessenkonflikte gestürzt wird, denn der Umfang des Geldes, der von der Gates-Stiftung zur WHO fließt, ist abhängig von Profiten von Nahrungsmittelkonzernen, Alkoholkonzernen und Pharmakonzernen. Dadurch wird die Arbeit der WHO in eine Richtung gelenkt, die eher wegführt von einer Stärkung der Gesundheitssysteme in den armen Ländern und auch eher wegführt vom Kampf gegen die sozialen Ursachen von Krankheit. Die WHO nimmt durch die durch Bill Gates neu ausgerichtete Perspektive auf Gesundheit und Krankheit nicht mehr so sehr stark die Tatsache in den Blick, dass sich Krankheit und Gesundheit sehr stark an der Veränderung der sozialen Verhältnisse, den hygienischen Bedingungen, der Beseitigung von Armut entscheidet. Die WHO wusste zwar einmal in den 80er Jahren des letzten Jahrhunderts, dass der wesentliche Killer nicht irgendein Virus ist, nicht irgendeine Krankheit, sondern dass die meisten Todesfälle aufgrund sozialer Ungleichheit existieren. Aber unter dem Einfluss von Big Pharma und Big Food wird von der WHO nicht dagegen angegangen und hier wenig Initiative ergriffen und Gesundheitspolitik vorwiegend über technische Maßnahmen betrieben: Impfkampagnen, Verteilung von Medikamenten und Verteilung von Malarianetzen. Gegen durch chronische Armut geschwächte Immunsysteme wird weniger vorgegangen (vgl. hierzu den Beitrag von Thomas Kruchem, 17.07.2018).

Die Corona-Krise wird sich besonders negativ auf Mädchen auswirken. Weil sie stärker in den Haushalt eingespannt werden bzw. aufgrund wirtschaftlicher Probleme Familien sich nicht mehr den Schulbesuch leisten können, werden durch die Corona-Krise Bildungsbiographien zerstört. „Die Wahrscheinlichkeit ist hoch, dass mehr Mädchen in Folge der Krise verheiratet werden, zum Beispiel, um ihr Überleben zu sichern oder die Familie zu entlasten“, so Katharina Ebel (SOS-Kinderdörfer, 10.04.2020). Auch das erzwungene Zusammenleben auf engem Raum, wie z.B. in Südafrika (vgl. Macheroux-Denault, 10.04.2020) oder Kenia (vgl. Böhm, 16.04.2020, 7), wird dazu führen können, dass Sorge und Stress sich in häuslicher Gewalt entladen. Die Ebola-Krise zeigte eine erhöhte Müttersterblichkeit an. Damit könnte man annehmen, dass wenn die Ressourcen der Kliniken in den Kampf gegen Covid-19 gesteckt werden, werdende Mütter und Neugeborene schlechter versorgt sind.

In Sierra Leone zeigte sich, aufgrund der Erfahrungen mit Ebola, dass das Land an einer posttraumatischen Belastungsstörung leidet, so dass alte (psychische) Wunden mit Covid-19 wieder aufbrechen. Der neue Virus verbreitet eine „neue“ Angst in der Bevölkerung, so dass alte Plakate, die gegen eine Stigmatisierung unter Ebola warben, nun eine neue Aktualität erhielten, weil vor einem neuen stigmatisierenden Verhalten gewarnt werden müsste. Krankenwagen, die Covid-19 Patienten*innen abholen werden mit Ebola in Verbindung gebracht – wer damals abgeholt wurde, kam häufig nicht zurück (vgl. Bah/Ivil/Prager, 23.05.2020, 3).

Die Armut wurde schmerzhafter, weil nun Tagelöhner Hunger leiden mussten. Es kam zu wachsenden sozialen Unruhen – z.B. in den Townships Südafrikas (vgl. Macheroux-Denault, 10.04.2020; DER SPIEGEL 25.04.2020, 77). Weil wichtige Handelspartner der afrikanischen Staaten durch die Corona-Krise ausfielen ist die ökonomische Situation „katastrophal“ – so sind zum Beispiel infolge des Rückgangs beim Verkauf kenianischer Blumen 150.000 Arbeiter*innen mit Arbeitslosigkeit bedroht (vgl. Kekeritz, 21.04.2020)[3]. Durch den Ausfall von Touristen fallen entscheidende Versorgungsstrukturen aus. Ganze Dörfer sind in ihrer Existenz bedroht. Manchmal hängen an einem Arbeitsplatz in der Touristenbranche 20 Personen, die versorgt werden (vgl. Schumacher, 18./19.04.2020, 5; s.a. Schlindwein, 30.05/31.05/01.06.2020, 36)[4]. Corona kann sich vermengen mit weiteren Krisenphänomenen afrikanischer Staaten – Dürre, Heuschreckenplage, Kriege (vgl. Böhm, 16.04.2020, 7; Eveleens, 22.04.2020, 11). In Kriegsgebieten des Kontinents, das zeigten die Erfahrungen mit dem Ebola-Virus, etwa in Mali,

3 Der Autor Kekeritz deutete in seinen Ausführungen nicht an, dass man auch kritisch auf Afrika als Blumenproduzenten schauen kann und sich fragen müsste, ob es eine zukunftsfähige Form der wirtschaftlichen Kooperation zwischen Deutschland und den afrikanischen Ländern ist (vgl. hier den kritischen Blick bei: Hagen, 2016, 63f.).

4 Der Autor Schumacher macht ebenfalls keine kritischen Bemerkungen zum Tourismus in den Entwicklungsländern. Was alles problematisch am Tourismus sein kann zeigen Ausführungen von Kathrin Hartmann auf (vgl. dies., 2015, 72–81). Auch Stephan Lessenich (vgl. ders., 2018, 131ff.) blickt kritisch auf den Tourismus – ökologische Probleme, deformierte Ökonomien, Ressourcenverbrauch, romantischer Entwicklungstourismus. Er ordnet aber auch den Tourismus globalisierungskritisch in ein global gespaltenes Mobilitätsregime ein (vgl. das Thema Visumspolitik auf den Seiten 138ff.).

der Zentralafrikanischen Republik, dem Südsudan und der DR Kongo wird ein Seuchenschutz besonders schwer sein (vgl. Schlindwein, Mai 2020, 74).

Mitte April warnten Hilfsorganisationen, „dass ein wirtschaftlicher Zusammenbruch mit grassierender Armut, Krankheiten und Hunger in Folge mehr Opfer fordern könnte als das Coronavirus selbst" (Schumacher, 18./19.04.2020, 6; s.a. Schwarte, 28.04.2020). Es wird befürchtet, dass infolge von Hunger weltweit 300.000 Menschen täglich sterben könnten – und das über Monate hinweg (vgl. Böhm/Frehse/Grefe, 20.05.2020, 6).

Und es könnte auch die Beschäftigung mit anderen Epidemien/Krankheiten in den Hintergrund treten – zum Beispiel bei Malaria. Das könnte hierbei zu einem Rückfall in die Zustände des vergangenen Jahrhunderts führen – mit Hundertausenden mehr Toten (vgl. Dieterich, 11.05.2020, 5; s.a. van Dijk, 28.05.2020, 11). „Die Impfallianz Gavi geht davon aus, dass durch die Suspendierung von Impfkampagnen bereits 13,5 Millionen Menschen wichtige Impfungen nicht erhalten haben. Das wiederum könnte zu einem Wiederaufleben von Infektionskrankheiten wie Masern oder Polio sorgen" (Cascais, 26.05.2020, 2). „Die NGO Stop TB Partnership warnt, dass es durch COVID-19-bedingte Störungen der Gesundheitsversorgung in Subsahara-Afrika zwischen 2020 und 2025 6,3 Millionen zusätzliche Tuberkulosefälle und zusätzliche 1,4 Millionen Tote geben könnte" (ders.). Tuberkulose tritt in Afrika besonders häufig in Verbindung mit Aids auf. Auch hier könnte die eingeschränkte Versorgung mit Medikamenten in diesem und nächsten Jahr zu mehr als 500.000 zusätzlich an Aids Gestorbenen führen.

Letztlich könnten Kinder ein zweites Mal ihre Bezugsperson verlieren. Viele Kinder (in Afrika) haben durch die Aids-Epidemie ihre Eltern verloren. Jetzt bedroht das Coronavirus die Großeltern, die sich häufig seither um die Kinder kümmern (vgl. Breyhan, Mai 2020?).

Aber es ist auch auf die Feststellung eines senegalesischen Ökonoms in der „Süddeutschen Zeitung" hinzuweisen, dass viele afrikanische Staaten beim Coronavirus glimpflich davonkommen könnten. Und in Afrika ist Empowerment zu finden: „Eine Fabrik in Kenia wurde jüngst umgerüstet und soll dort nun 30.000 Gesichtsmasken am Tag für ärmere Menschen produzieren" (Hilgers, 16.04.2020, 2). Die „taz" wies darauf hin, dass viele afrikanische Staaten sehr schnell und sehr streng auf das Coronavirus reagierten – teilweise entschlossener verglichen mit dem Verhalten europäischer Regierungen (vgl. ders., 1). Besonders hervorzuheben ist hier zum Beispiel Ruanda (vgl. Schlindwein, Mai 2020, 73f.)[5].

Da die USA die Beitragszahlungen – in Höhe von 400 Millionen Dollar (vgl. Grefe/Kohlenberg, 29.04.2020, 21) – zur WHO einstellte (am 15.04.2020), die USA war der größte Geldgeber der Weltgesundheitsorganisation, ist nun die Unterstützung Afrikas durch die WHO im Kampf gegen Covid-19 maßgeblich eingeschränkt – auch bei zukünftigen Impfkampagnen (vgl. Macheroux-Denault, 10.04.2020). Die „Notlösung" des Schuldenmoratoriums für die ärmsten Länder stellt in diesem Zusammenhang eine extreme Minimallösung dar. „Besser wäre eine Streichung eines Teils der offenen Schulden. Nach Berechnungen der europäischen NGO ‚Eurodad' könnten dadurch für 2020 und 2021 in 69 Niedrigeinkommensländern immerhin rund 50 Milliarden US-Dollar zur Bekämpfung der Pandemie und ihrer Folgen frei werden. Geld, das nicht erst auf Geberkonferenzen langwierig beschafft werden muss" (Kekeritz, 21.04.2020). Die Bundesregierung von der Bundesrepublik Deutschland verweigert sich seit vielen Jahren einem geordneten Entschuldungsverfahren.

Mitte April 2020 war in Afrika wegen der geringen Testkapazität das Wissen über die Verbreitung von Corona extrem unpräzise. Das hing damit zusammen, dass die Beschaffung von Test-Kits und Reagenzien seit Anfang April 2020 auf dem Weltmarkt immer teurer und schwieriger wurde. Anbieter, zum Beispiel aus den USA, sind in der aktuellen Situation nicht bereit, selbst den ärmsten Entwicklungsländern, die Test-Kits verbilligt zur Verfügung zu stellen.

5 Der Nachteil der radikalen Maßnahmen gegen Covid-19 in Ruanda: „Das kleine Land verfügt für seine elf Millionen Einwohner nur über eine begrenzte Fläche fruchtbaren Ackerlandes und damit bei geschlossenen Grenzen nur über eine geringe Sicherheit in der Nahrungsmittelversorgung. Die Lebensmittelpreise schießen nun in die Höhe. Die Armutsbevölkerung in der Hauptstadt, die vom täglichen Einkommen lebt, ist hungrig; die Regierung muss deshalb Lebensmittel verteilen. Um Geld aufzutreiben, zahlt sie Staatsangestellten derzeit kein Gehalt" (Schlindwein, Mai 2020, 73). Und staatliche, kostenlose Schulen, die sonst ein warmes Mittagessen bereitstellen, sind geschlossen.

Die „Frontarbeiter“ in der Corona-Krise waren in der Überzahl Frauen (vgl. z.B. Böhm, 23.04.2020, 9; s.a. Oxfam, 09.04.2020, Box 3). Für diese Frontarbeiter*innen standen zum Beispiel in Afrika viel zu wenig Masken, Handschuhe und Anzüge zur Verfügung. Deswegen traten, wie z.B. in Simbabwe, Ärzte und Krankenschwestern in den Streik. In einigen Ländern – wie z.B. Kenia, Nigeria oder Togo – ist Krankenhauspersonal in größerem Umfang infiziert/erkrankt (vgl. Schwikowski, 08.05.2020). Das machte auch etwas deutlich.

Es kam zu überzogener Polizeigewalt bei der Durchsetzung der Quarantänemaßnahmen. Der Independent berichtet gar davon, dass die kenianische Polizei im Zuge der Durchsetzung der Ausgangssperre mindestens zwölf Menschen getötet hat. Diese Art der staatlichen Gewalt steht in der Tradition der Kolonialzeit, die die postkolonialen Staaten für ihre Zwecke übernommen haben, schreibt David Schwake (21.04.2020, 2).

Bei der Bekämpfung von Covid-19 in Afrika haben humanitäre Organisationen eine erhebliche Bedeutung, weil sie gerade in dem Teil des Gesundheitssystems in den Entwicklungsländern mitwirken, das den Blick weg von den Eliten hin zu den Armen lenkt. Dazu gehört auch die NGO Ärzte ohne Grenzen. Diese Organisationen erfahren seit April 2020 Spendenrückgänge (vgl. epd 11.04.2020). So wurden auch Handlungsspielräume in Afrika beschnitten.

Aufgrund von schlechten Erfahrungen bei Geldern, die 2014 und 2015 nach Liberia zur Ebola-Bekämpfung flossen, aber dort nie ankamen, versuchen sich nun Aktivisten in Afrika zu vernetzen und zu überprüfen, ob Gelder tatsächlich in die Corona/Covid-19-Bekämpfung fließen. Die Ergebnisse sollten dann fortlaufend in die sozialen Netzwerke eingespeist und über Radiostationen bekannt gemacht werden (vgl. Gänsler, 19.04.2020; 20.04.2020, 11).

Die Otto Group unterstützte afrikanische Baumwollbauern mit Hilfspaketen, weil es bei den Menschen in der Corona-Krise schlicht ums Überleben geht, so Alexander Birken, Chef der Otto Group (29.04.2020, 22).

Der Pharmakonzern Roche, verkauft, weil Medikamente jedem zur Verfügung stehen sollen, Medikamente z.B. in Uganda billiger, als zum Beispiel in Deutschland (vgl. Schwan im Interview, 07.05.2020, 21).

Ein Statement zum Abschluss: „Prognosen mahnen, dass 35 bis 65 Millionen Menschen in tödliche Armutskonstellationen gestoßen werden; am schlimmsten wird es viele Länder in Afrika und Südasien treffen. Daran sind weder Viren Schuld, noch von Armut diskriminierte Menschen. Ursache sind allein menschengemachte Ordnungen sozialer Ungleichheit. Arbeitskräfte und Ressourcen aus den Kolonien beförderten die industrielle Revolution, ohne an deren Errungenschaften beteiligt zu werden. Das wirkt sich bis heute auf kapitalistische Kartierungen der Welt aus. (Absatz herausgenommen R.M.). Armut ist eine menschengemachte Pandemie, wobei der *weiße* Westen sich als Virus in die Körper jener frisst, deren Immunsystem sie zerstörten. Deswegen sind sie Covid-19 noch ohnmächtiger ausgesetzt als der Westen – und der tut wieder einmal so, als sei das eine natürliche Ordnung und ginge ihn nichts an. Afrika sei ‚das' doch als Krisenkontinent gewöhnt und habe kein Anrecht auf Schutz" (Susan Arndt, 21.04.2020, 13).

1.3.2. Indien

Mit der Ausgangssperre wegen der Corona-Krise gerieten die Tagelöhner und Wanderarbeiter Indiens/New Delhi's in den Blick der Öffentlichkeit, etwas, was Indien im Verborgenen gelassen hätte. In langen Märschen zogen sie mit ihren Kindern und Alten in die 700 bis 800 Kilometer entfernten Dörfer. Sie wurden dabei behandelt wie Abwasser, so Arundhati Roy (14.04.2020, 11).

Während die Bevölkerung, aufgrund einer Ermunterung von Premierminister Narendra Modi, als Akt der Wertschätzung gegenüber Angestellten im Gesundheitssystem auf Töpfe und Pfannen schlugen, haben Vermieter Ärzte und Krankenschwestern aus ihren Wohnungen geworfen – aus Angst vor dem Virus (vgl. Roy, 14.04.2020, 11).

In Mumbai hatte schon bald der Virus den Weg in die Armenviertel gefunden. Dabei war in dem Slum Dharavi nicht die größte Sorge die Krankheit, sondern ob man genug Essen auf dem Teller hat, denn mit dem Lockdown haben viele ihr tägliches Einkommen verloren. Die informelle Wirtschaft in dem Slum Dharavi, die einen Jahresumsatz von knapp einer Milliarde Euro erwirtschaftete, kam durch den Lockdown zum Erliegen. In Indien umfasst der informelle Sektor rund 400

Millionen Menschen ohne Arbeitsvertrag. Der informelle Sektor ist das Rückgrat der indischen Wirtschaft. Dazu gehören Erntehelfer, Straßenverkäufer, Rikschafahrer, Näher, Müllsammler, Haushaltshelfer*innen und Reinigungskräfte (vgl. Schäfer, 16.04.2020, 2).

Mumbai verzeichnet in Indien die höchsten Corona-Infektionsraten. „Die dicht besiedelten Gebiete mit wenigen sanitären Einrichtungen sind ein gefundener Nährboden für ansteckende Krankheiten. Dabei ist es nicht ungewöhnlich, dass sich acht Menschen eine kleine Wohnung teilen. Diese Bedingungen erhöhen die Chance einer Übertragung. Ein Viertel der Menschen, die in Dharavi in den vergangen zwei Wochen auf Covid-19 getestet wurden, waren angesteckt" (Mayroth, 27.03.2020, 4). Aber Testkapazitäten reichten bei weiten nicht aus, so dass eine Dunkelziffer besteht.

Der Handlungsspielraum gegen die Verbreitung von Covid-19 ist gering: Es ist nahezu unmöglich, in dem Slum Dharavi, Menschen zu bitten, räumliche Distanz zu halten. Und es ist eine Sisyphusarbeit die Gemeinschaftstoiletten täglich zu desinfizieren.

Wegen dem Zusammenbruch der Ökonomie und der drohenden Hungersnot schnürte die indische Regierung für die nächsten drei Monate (ab Mitte April/Mai 2020) ein Hilfspaket mit Reis, Getreide und Direktüberweisungen. Umgerechnet 21 Milliarden Euro sind hier vorgesehen. Das erreicht aber vor allem die Menschen, die bereits vorher Sozialleistungen erhielten. Alle Slumbewohner werden damit aber nicht erreicht (vgl. Mayroth, 27.04.2020, 5). Und es ist angesichts von 800 Millionen Menschen, die es erreichen soll, „kaum mehr als ein Tropfen auf den heißen Stein" (Ehmke, Mai 2020, 79). Auch die Aufstockung dieser Unterstützung durch die Stadtverwaltung von Mumbai erreicht längst nicht alle Betroffene. Für viele Bewohner des Slums Dharavi ist die Lebensmittelzuteilung überlebenswichtig.

Durch den Lockdown brach auch die Bildung für die Kinder weg, weil an Unterricht zu Hause nicht zu denken war – dazu fehlt den Frauen die Bildung (vgl. Schäfer, 16.04.2020, 4).

Der Lockdown war dramatisch; es sterben nicht nur Menschen an Covid-19, sondern auch an den Folgen der Ausgangssperre, am Exodus (vgl. Schäfer, 16.04.2020, 5), an Erschöpfung, an tödlich verletzenden Polizeischlägen, durch Verhungern (vgl. Böhm u.a. 20.05.2020, 7) so viele, dass Schätzungen davon ausgehen, dass hier mehr Tote als Covid-19-Tote zu verzeichnen sind (vgl. Ehmke, Mai 2020, 77).

Die Rückkehrer*innen sind in ihren Dörfern nicht immer willkommen. „Dort herrscht mittlerweile die Angst vor, dass sie das Virus einschleppen könnten. Erwerbsmöglichkeiten fehlen aufgrund der Ausgangssperre auch dort. Die Landwirtschaft liegt in weiten Teilen brach. Die Ernte verrottet auf den Feldern, weil es an Arbeiter*innen fehlt und lokale Lieferketten unterbrochen sind" (Ehmke, Mai 2020, 78). Das hätte nicht nur fatale Folgen für Indien, sondern auch für Nachbarländer wie Nepal und Bangladesch, die von indischen Weizenimporten abhängen (vgl. Böhm u.a., 20.05.2020, 6).

Das besonders schlecht gerüstete Gesundheitssystem Indiens ist für die Ärmsten der Armen nicht erreichbar. Diese können sich nahezu keinen Arztbesuch leisten. Täglich sterben Tausende an einfach zu kurierenden Krankheiten. „Jeder zehnte Erwachsene stirbt in Indien an den Folgen von Tuberkulose, jeder zwanzigste an einer Durchfallerkrankung, jeder vierzigste an Malaria" (Ehmke, Mai 2020, 78f.). Weil gerade einmal ein Fünftel aller Haushalte in Indien Zugang zu fließendem Wasser haben und für alle anderen es ein großer Aufwand ist, an Trinkwasser zu kommen, ist Händewaschen für viele an normalen Tagen purer Luxus. Dadurch wird es schwer präventiv gegen die Erkrankung durch Covid-19 etwas zu unternehmen (vgl. https://www.sos-kinderdoefer.de/informieren/aktuelles/news/coronakrise-in-indien abgerufen am 14.05.2020).

Die indische Staatsmacht lässt die Polizei ungehindert rigoros mit dem Rohrstock gegen jene vorgehen, welche die Ausgangssperre nicht befolgen – sei es auch nur aus der Not heraus, um Lebensmittel einzukaufen (vgl. Ehmke, Mai 2020, 79).

1.3.3. Brasilien

Die Zahl der Todesfälle im Zusammenhang mit dem Coronavirus steigt in Brasilien immer schneller an, so sehr, dass man vermutet, dass Brasilien Mitte Mai 2020 das neue Epizentrum der Pandemie war (vgl. Walter, 13.05.2020). Offiziell waren bis zum 18.05.2020 (?) in Brasilien bisher 16.370 Menschen an Covid-19 gestorben, knapp 245.595 Infektionen bestätigt (Zahlen nach John-Hopkins-Universität in: Betancur/Finger, 20.05.2020, 56). Aber aufgrund wissenschaftlicher Modelle ist zu vermuten, dass 2,1 Millionen Menschen infiziert waren (vgl. Walter, 13.05.2020, 1). Auch bei den Gestorbenen wird die Zahl zu niedrig angesetzt sein, weil z.B. nicht durchgängig bei den Toten getestet wird oder zu Hause Gestorbene nicht immer erfasst werden. An der Amazonas-Metropole Manaus wird die Katastrophe besonders deutlich (vgl. Marusczyk, 23.04.2020). Dadurch dass an vielen Orten seit Mitte Mai das Gesundheitssystem zusammenbricht (vgl. Funke, 11.05.2020, 3) – Claudia Zilla weist darauf hin, dass in Lateinamerika und auch in Brasilien sehr wenig in den Gesundheitssektor investiert wurde (vgl. dies., 30.04.2020, 3) – verliert Brasilien im Monat Mai pro Tag 700 bis 800 Leben – und das sind nur die offiziellen Daten (vgl. Funke, 11.05.2020, 3; Stör/Ziegele/Eiseler, 13.05.2020, 1f.).

Ein Sonderbeitrag in der ZEIT weist darauf hin, dass den Amazoniern ein Genozid droht. Weil die indigenen Dörfer des Landes im Durchschnitt 315 Kilometer von einem Krankenhaus entfernt liegen, wird es sehr schwer bei einer Infektion zu helfen. „In der Amazonas-Metropole Manaus, die am stärksten von Infektionen betroffen ist, stehen für 1,7 Millionen Einwohner 50 Intensivbetten zur Verfügung". Erwin Kräutler, emeritierter Bischof von Xingu fragt nach Ärzten und Krankenpflegern für den versprochenen Bau von Notlazaretten. Der Prozentsatz der Toten ist sehr hoch im Bistum. Und die Hoffnung, dass das Virus sich im Tropenklima nicht ausbreiten kann, ist trügerisch – es gibt Tote, die sind 30, 40 oder auch 15 Jahre alt. Der Virus hat, so die Bischöfe des brasilianischen Amazonas-Gebietes, die bestehende sozioökologische Krise verschärft und zu einer humanitären Katastrophe ausweiten lassen. Zu dem Tod durch den Virus kommen Mordversuche und Morde im Zusammenhang von Landkonflikten dazu. Die Armut der indigenen Völker ist so katastrophal, dass sie einem das Herz bricht, so Leonardo Ulrich Steiner, Erzbischof von Manaus. Und so meinen einige, dass die Indigenen die ersten sein müssten, die den Impfstoff bekommen müssten, wenn man den Genozid verhindern will (vgl. Betancur/Finger, 20.05.2020, 56). Die Situation der Indigenen wird von politisch Verantwortlichen, wie Bildungsminister Abraham Weintraub, nicht gewürdigt. Vielmehr äußert er sich herablassend über die Indigenen und denkt noch in den Denkkategorien der

Ideologie der Militärdiktatur, wo nur ein Volk, eine Kultur, eine Nation gesehen wurde und er hasst den Ausdruck indigene Völker. Diese Denkkategorien führten aber unter den „Integrations"-Anstrengungen der Militärdiktatur (1964–1985) zu einem Ethnozid. Auch heute sind die indigenen Völker bedroht (vgl. Paulo Suess im Interview mit der KNA, 27.05.2020).

Daten des statistischen Bundesamtes in Brasilien machen deutlich, die ärmsten Teile der Bevölkerung, nämlich Menschen in prekären Arbeitsverhältnissen (etwa 11,4 Millionen) und Arbeitslose (12 Millionen) sind überproportional von Covid-19 und seinen Folgen betroffen (vgl. Barros/Melo, Mai 2020, 42). Das ist deswegen der Fall, weil wegen der räumlichen Enge in den Vierteln kaum Abstände eingehalten werden können. „Nicht einmal am frühen Morgen, nicht in Krankenhäusern und auch nicht auf Pflegestationen ist Sicherheit möglich" (dies.).

„Die soziale Ungleichheit in Brasilien ist nicht von *race* und *ethnicity* zu trennen. Die schwarze Bevölkerungsmehrheit (56 Prozent laut statistischer Bundesbehörde) ist aktuell am gefährdesten. Sie ist zugleich jene Gruppe, deren Grundrechte am stärksten beschnitten werden. Neuere Erhebungen bestätigen, dass 44,5 Prozent der Schwarzen in Brasilien in Vierteln ohne grundlegende sanitäre Ausstattung leben (also ohne systematische Wasserversorgung, Müllabfuhr, Abwasserentsorgung). In den zwei größten Städten Basilien, São Paulo und Rio de Janeiro, leben 18,7 Prozent beziehungsweise 30,5 Prozent der schwarzen Bevölkerung in Behausungen weit unter jedem Standard (…). Diese Ungleichheiten bilden sich auch in der Pandemie ab. 23 Prozent mehr Schwarze als Weiße befinden sich auf den Krankenstationen und sie haben eine um 33 Prozent höhere Sterblichkeitsrate durch Covid-19. In diesen Zahlen spiegeln sich nicht zufällige Verteilungsprozesse, sondern wirtschaftliche und gesellschaftliche Ungleichheiten auf globalem Niveau.

Fast 67 Prozent der Brasilianer und Brasilianerinnen, die auf die (rudimentär) staatliche Gesundheitsversorgung angewiesen sind, sind schwarz. Sie stellen gleichzeitig die Mehrheit der Patienten mit Diabetes, Tuberkulose, Bluthochdruck, Herz- und Nierenerkrankungen dar, die im Zusammenhang mit Covid-19 zur Hochrisikogruppe gehören. Diese Komorbiditäten hängen eng mit den sozialen Umständen zusammen, vom Fehlen sanitärer Grundausstattung bis hin zu prekären

Lebens- und Arbeitsverhältnissen, die diese (Vor-)Erkrankungen befördern" (Barros/Melo, Mai 2020, 43).

Die soziale Dimension der Pandemie ist in Brasilien räumlich zu fassen. Es zeigt sich, dass der urbane Raum in formelle und informelle Bereiche geteilt ist, „in Zonen der Reichen und der Armen, die in einem Hochspannungsfeld miteinander ringen, bis die Schwächeren verlieren" (Barros/Melo, Mai 2020, 43).

Aber die unmittelbare Bedrohung durch Covid-19 ist die eine Sache, daneben ist der Hunger in den Favelas anzumerken (vgl. Franzen, 08.04.2020, 4). Die Bewohner bemerken selbst, durch das Wegbrechen der Beschäftigung im informellen Sektor und damit von Einkommen, dass sie zunächst weniger nach Schutzmasken und Desinfektionsmitteln fragen, sondern nach Essen beziehungsweise nach einer täglichen Nahrungsversorgung (vgl. Franzen/Stedile, 16.04.2020; s.a. Zilla, 30.04.2020, 3).

Am 30. März hatte der Kongress eine Nothilfe für den informellen Sektor beschlossen, doch wochenlang wurde das Geld nicht ausgezahlt. Es ging um 600 BRL monatlich (ungefähr 104 Euro, wobei der Mindestlohn bei 1045 BRL/182 Euro liegt) (vgl. Freitas, 17.04.2020, 2). Damit blieben viele Hausangestellte aus dem informellen Sektor auf Essensspenden weiterhin angewiesen.

Das ist alles nur zu verstehen, weil der Regierungschef Bolsonaro mit seiner Politik das massenhafte Sterben der ärmeren Bevölkerung und der Indigenen in Kauf nimmt – denn sein politisches Projekt basiert auf einem Todestrieb (vgl. Freitas, 17.04.2020, 2f.). Bolsonaro steht an er Spitze des brasilianischen „White Trash", die ihr Minderwertigkeitsgefühl gegenüber der etablierten weißen Mittelklasse kompensiert durch Hass und Gewalt „gegenüber den in der gesellschaftlichen Rangordnung noch weiter unten stehenden Armen und Schwarzen sowie durch Unterdrückung jeglicher Form von Kultur". „In dieser Logik erscheint die Aussicht auf eine gesundheitliche Katastrophe in den Armenvierteln – (…) bestimmten Gruppen als Verheißung. Die Warnung, das Coronavirus werde zahlreiche Alte und Arme in den Favelas töten, ist Musik in den Ohren von Bolsonaros radikalen Anhängern. Der Tod vieler Älterer, so die Hoffnung, könnte das Defizit im Rentensystem reduzieren. Zugleich nutzen Milizen das Chaos in den Favelas für ihr mafiöses Geschäftsmodell. Jeder Tod eines jungen Schwarzen, der nun nicht mehr zum ‚Verbrecher' heranwachsen kann, wird zugleich als ‚ethische Säuberung' gefeiert" (Souza, Mai 2020, 81).

1.3.4. USA

In den USA wurde eine besondere Verwundbarkeit und Mortalität unter Armen deutlich; Ausdruck eines Gesundheitssystems, das sehr stark zwischen Betuchten und „Anderen" differenziert. Die *Washington Post* veröffentlichte am 7. April 2020 auf der Grundlage einer eigenen Recherche erste Zahlen, die das verdeutlichten: „Im Bezirk Milwaukee, Heimat der größten Stadt des nördlichen Bundesstaats Wisconsin, waren zu diesem Zeitpunkt sieben von zehn Corona-Toten Afroamerikaner, obwohl sie nur jeden vierten Einwohner stellen. Im Bundesstaat Louisiana waren ebenfalls 70 Prozent der Corona-Toten Schwarze, dort machen sie aber nur 32 Prozent der Bevölkerung aus. In Chicago liegt die Todesrate der Schwarzen den Zahlen der *Washington Post* zufolge sechs Mal so hoch wie die der Weißen. (Absatz herausgenommen R.M.) Auch die Sterblichkeit von Latinos ist im Vergleich zur weißen Bevölkerung fast überall höher. Gründe dafür gibt es viele. Afroamerikaner wie Latinos haben oft Vorerkrankungen, die lebensbedrohlich sein können, wenn man sich mit dem Coronavirus ansteckt. Gerade schwarze Menschen leiden besonders häufig an Diabetes, Bluthochdruck und Asthma" (Klingst, 20.04.2020, 2f.). Für Keeanga-Yamahtta Taylor ist aber nicht die „besonders schlechte Gesundheit" für die überdurchschnittliche Sterberate von Afroamerikanern*innen durch Covid-19 verantwortlich – Anfang Juni 2020 waren 23 Prozent der Todesopfer der Pandemie Schwarze, obwohl ihr Anteil an der Bevölkerung nur 13 Prozent beträgt (vgl. Hahn, 02.06.2020, 5) -, sondern vielmehr der Sachverhalt, dass Afroamerikanern*innen infolge des Rassismus eine Behandlung verweigert wurde, „weil Ärzt*innen oder Pfleger*innen ihren Beschwerden über ihre Symptome nicht glaubten" (06./07.06.2020, 11), weil sie unempfindlich infolge des Rassismus gegenüber dem Leiden von Afroamerikanern*innen sind. Dazu kann die Armut gekommen sein. Aber entscheidend ist wohl ein herrschender Rassismus, der durch D. Trump befeuert wurde. So weist Dave Eggers darauf hin: „Was er (Trump R.M.) mit eingebracht hat, ist die Verunglimpfung von Minderheiten, Immigranten und Schwachen. Mit diesem populistischen Twist hat er einen in vielen Menschen schlafenden Hass wachgerufen, den jahrzehntelang niemand angesprochen hatte“ (23./24.05.2020, 52). Andere sagen: „Rassismus ist so amerikanisch, dass die Leute denken, dass du gegen Amerika bist, wenn du gegen Rassismus protestierst“ (vgl. Zitat in: Hahn, 02.06.2020, 5).

„Neben der Armut und der daraus folgenden schlechteren ärztlichen Versorgung eint Afroamerikanerinnen und Latinos außerdem ein tiefes Misstrauen gegenüber dem Staat, schreibt die *New York Times* in einem Leitartikel (…). Weil sie sich von Behörden oft im Stich gelassen fühlten, schenkten sie den Informationen und Verhaltensgeboten auch in der aktuellen Situation wenig Glauben. (Absatz herausgenommen R.M.). Hinzu komme, dass Angehörige der Minderheiten besonders oft in systemrelevanten Berufen arbeiteten. Dazu zähle nicht nur die Gesundheitsversorgung, wo sie meist mit Gesichtsmasken und Handschuhen versorgt würden, sondern auch Tätigkeiten als Boten und Reinigungskräfte, als Kassierer in Supermärkten, als Busfahrerinnen und U-Bahn-Angestellte. Dort erhielten sie keine Schutzkleidung“ (Klingst, 20.04.2020, 3).

Das ist die eine Seite der Armut in der Corona-Krise in den USA. Daneben ist noch auf die große Zahl der Arbeitslosen und auf Millionen zusätzlich hungernde Menschen in den USA zu verweisen, die nun zu schon sehr vielen hungernden Menschen dazugekommen sind: „Mehr als 33 Millionen Menschen in den Vereinigten Staaten haben seit Beginn der Krise einen Neuantrag auf Arbeitslosenhilfe gestellt. Die Arbeitslosenquote ist auf mittlerweile 14,7 Prozent hochgeschnellt. Jeder siebte erwerbsfähige Amerikaner hat derzeit keinen Job. Es könnten noch viel mehr sein, heißt es – die Systeme arbeiten langsam, da die Daten aus den Einzelstaaten zusammengetragen werden müssen. Viele Betroffene haben nicht vorgesorgt: Schon vor der aus der Epidemie folgenden Wirtschaftskrise wären vier von zehn Erwachsenen laut der US-Notenbank aufgrund fehlender Rücklagen von unerwarteten Ausgaben in Höhe von 400 Dollar überfordert gewesen. (Absatz herausgenommen R.M.). Dazu kommt, dass es immer noch Probleme bei der Auszahlung der staatlichen Unterstützung (gibt korrigiert R.M.). So warten viele immer noch auf ihr Arbeitslosengeld, obwohl es ihnen zusteht. Auch beim Versand der vom Kongress beschlossenen Schecks in Höhe von 1200 Dollar hakt es. Auf einmal sehen sich viele Amerikaner erstmals mit der Frage konfrontiert, wo sie das Geld hernehmen sollen, um ihre Familien und sich selbst zu ernähren – (…) (Absatz herausgenommen R.M.) In einer (…) veröffentlichten Studie der Washingtoner Brookings Institution gaben 17,4 Prozent der Mütter mit Kindern im Alter von bis zu zwölf Jahren an, ihnen fehle derzeit das Geld, um ihren Nachwuchs ausreichend zu ernähren. Studienleiterin Lauren Bauer beschrieb in der ‚New York Times', dass jetzt in vielen Familien kleine Portionen auf den Tisch kämen und viele Kinder Mahlzeiten ausfallen lassen müssen. Mit den Schulschließungen fallen zudem für viele Kinder Frühstück und Mittagessen weg, Essen, das sie zuvor gratis oder subventioniert erhalten haben" (Schäuble, 11.05.2020, 1).

Dadurch rücken auch die Food Banks ins Zentrum der amerikanischen Gesellschaft. 37 Millionen Amerikaner hatten schon vor der Krise nicht genug Geld, um ausreichend Lebensmittel kaufen zu können. Seit Beginn der Corona-Krise hat das Netzwerk mehr als 42 Millionen Kilogramm Essen ausgegeben – fast 80 Millionen Mahlzeiten. Das Agrarministerium legte im April ein 19 Milliarden-schweres-Hilfsprogramm auf, von dem drei Milliarden darauf verwendet werden, um Lebensmittel zu bezahlen, die über Food Banks und andere Hilfsorganisationen verteilt werden. Der übliche Nachweis über eine Bedürftigkeit wird dabei nicht verlangt, was es Betreffenden leichter macht, Hilfe anzunehmen. Aber Anfang Mai wurde auch schon das Problem gesehen, ob man für einen längeren Zeitraum in den Food Banks genügend Lebensmittel hat (vgl. Schäuble, 11.05.2020, 3; Buchter, 14.05.2020, 17f.).

Und die Probleme für die Obdachlosen verschlimmerten sich. Sie bekamen kein Essen von Passanten, haben kein Wasser, um sich zu waschen und keine Toiletten, weil alles geschlossen hat (vgl. Mücke, 06.05.2020, 2).

(Junge) Frauen, die nicht mehr die Miete zahlen können, verkaufen verstärkt auf der Plattform Onlyfans eigene Nacktbilder. Die Nutzerzahlen schnellten ebenfalls in die Höhe. Es ist, wie Felix Stephan bemerkt, eine Geschichte der Ungleichheit: „Während die einen ihr Geld nur online ausgeben können, haben andere nichts mehr zu verkaufen als ihre Körper" (SZ 23./24.05.2020, 1).

Seit die Corona-Pandemie die Vereinigten Staaten erreicht hat, schnellte die Zahl der Waffenverkäufe in die Höhe. Millionen mehr Waffen wurden gekauft. Das ist das Resultat, weil die Menschen nervös sind, Unruhen befürchten, aber auch Einbrecher wegen steigendem Hunger. Auch sehen sie versagende Staatsorgane – die Polizei ist auf den Straßen weniger präsent. Ladenbesitzer wollen Plünderungen vorbeugen, die wegen aufkommender Verzweiflung als wahrscheinlicher betrachtet werden. Man fragt besorgt, ob mehr Waffen in Familienhaushalten das Risiko für Todesfälle aufgrund von häuslicher Gewalt oder Unfällen mit Kindern ansteigen lassen kann. Es gibt erste Hinweise, dass es zum Waffeneinsatz aufgrund eines gestiegenen Misstrauens unter der Corona-Pandemie kam (vgl. Wimalasena, 06.04.2020; Burgard, 27.04.2020; Ohne Rüstung leben, 08.05.2020).

2. Armut als Krise

Joris Steg (Juni 2020, 74) bezeichnet die gegenwärtige Corona-Krise in mehrfacher Hinsicht als historisch beispiellos. Vor allem ein erneuter Lockdown dürfte gesellschaftlich verheerende Wirkungen haben – ökonomisch, politisch, psychosozial. Das sagt er zwar nicht, aber man kann ergänzen: Die Armut könnte derart dramatisch ansteigen und strukturell tiefgreifender in die Gesellschaften sich eingraben, dass das Weltgesellschaftsmodell des Neoliberalismus endgültig diskreditiert werden könnte. Die real existierenden Demokratien stehen womöglich vor der Herausforderung einer Neukonstruktion, die auf das Krisenphänomen Armut eine solidarische Antwort findet, weil „Corona" die Welt und die Gesellschaften eher weiter polarisiert und spaltet (vgl. ders., 76). Aber blicken wir zunächst zunächst einmal auf das „Krisenpanorama", das sich mit der Armut auftut.

2.1. Einsamkeit/Isolation

Eine ganz nicht so kleine Gruppe der Langzeitarbeitslosen kennt die Erfahrung der Einsamkeit und der Isolation schon lange. Unter der Corona-Krise litten sie unter einer zusätzlichen Einsamkeit, weil ihnen wegen dem Infektionsschutz der Zutritt zu Treffpunkten sowie Beratungs-, Qualifizierungs- und Beschäftigungsangeboten verwehrt gewesen war. Dabei war die soziale Isolation besonders schlimm für Frauen (vgl. hier Hohenschue, 05.05.2020).

Was das mit den Menschen gemacht hat, kann man nur erahnen. Und welche langfristigen Folgen daraus resultieren, das wird sich zeigen. Man weiß aus den Isolations- und Quarantänemaßnahmen während der SARS-1- und MERS-Ausbrüche, dass Betroffene über Depressionen, Ängste, Wut, Stress, gestörten Schlaf, Sorgen und Einsamkeit berichteten. Zu den langfristigen Folgen gehören Depressionen und posttraumatische Belastungssymptome. Verstärkt wurden die

Symptome, je länger die Quarantäne dauerte, wenn Einkommen verloren gingen oder sich die Versorgungslage verschlechterte (vgl. mdr.de, 08.05.2020).

Einsamkeit ist ein ganz grundsätzliches Problem für die Gesundheit. Einsame Menschen werden öfter krank, Wunden heilen schlechter, das Immunsystem ist schwächer – man sieht es an den Obdachlosen (vgl. Lobenstein, 07.05.2020, 4).

Mit der Einsamkeit steigt das Risiko für Herz-Kreislauf-Störungen, für Diabetes und Depressionen, man werde eher dement, und man sterbe früher (vgl. Shafy, 16.05.2020, 116).

Durch die Einsamkeit unter den Isolationsmaßnahmen, durch die Kultur der Distanz wegen Covid-19 kann es zu einer „sozialen Rezension" kommen. Es können die letzten Fähigkeiten miteinander zu reden und zu lieben Schaden nehmen. Welche Furcht vor dem Nächsten wird zurückbleiben und unser zukünftiges Miteinander prägen? In welcher Form werden wir noch bereit sein, Beistand zu leisten?

2.2. Krise der Würde

Die Würde wird verletzt, wenn man nicht ein „gutes Leben" führen kann, also ein Leben, das im weitesten Sinne erstrebenswert ist (vgl. Ndayambaje, 2019, 146) – das zeigte sich an Berichten über die Situation in der Corona-Krise in Slums in Indien oder Brasilien (vgl. Franzen/Stedile, 16.04.2020). Das ist z.B. der Fall, wenn sich „Glückserfahrungen" wenig oder gar nicht in dem Leben einstellen. Dafür müssen u.a. Mittel zur Verfügung stehen, etwa bei der Bildung. Ein Leben ist auch erstrebenswert, wenn man in diesem eine soziale Position erreicht, Talente leben darf und etwas leisten darf, wodurch man Wertschätzung und Anerkennung erfährt. Die Würde wird nicht verletzt, wenn es dem je Einzelnen in seiner Einschätzung bleibend überlassen bleibt, was ein „gutes Leben" sein könnte und er dieses einschätzen durch den Zwang der Umstände nicht aufgeben muss. So ist es auch im Interesse der Würde, dass die Hilfe für die Armen sich immer wieder den Spielraum bewahrt, den Armen nur in der Form zu helfen, wie es jenen gefällt, und nicht, wie es einem selbst gefallen würde (vgl. Ndayambaje, 2019, 147). In diesem Zusammenhang ist kritisch das

Verhalten der Philanthropen (wie z.B. von Bill Gates) hinsichtlich ihres Helfens gegenüber Armen zu betrachten (vgl. Mausfeld, 2019, 36). Und dennoch gibt es zentrale Mittel zum guten Leben: „Nahrung, Kleidung, Unterkunft und bestimmte grundlegende Freiheiten, außerdem soziale Interaktion, Bildung und Mitbestimmung" (Pogge in: Ndayambaje, 2019, 148). Zum „guten Leben" gehört die „Kultur". Es wird die Würde verletzt, wenn jemand von seinen kulturellen Wurzeln durch die Armut abgeschnitten wird. Jeder Mensch braucht ein Netz von Strukturen – in der Kultur, aber auch in der Familie oder dem Freundeskreis – „innerhalb deren er sein menschliches Wesen entfalten und den Umgang mit anderen Menschen pflegen kann" (Ndayambaje, 2019, 149).

Die Würde hängt auch mit der seelisch-psychischen Verfassung zusammen, die durch die Armut Schaden nehmen kann, weil nicht ein wahres, kohärentes, verstandenes und akzeptiertes Leben gelebt werden kann, das realistisch und nicht in Widerspruch mit der Rezeption der eigenen Vergangenheit steht (vgl. Ndayambaje, 2019, 149). „Sedmak bemerkt, dass Armut oft mit schmerzvollen Erinnerungen und Erfahrungen von Unrecht verbunden ist. Armut begünstigt Belastungen und Traumata und schränkt die Vorstellungskraft der Betroffenen ein. Eine der Folgen der Armut ist entsprechend ein Gefühl der Belastung oder gar Verlust des inneren Gleichgewichts bzw. der geistigen Gesundheit" (Ndayambaje, 2019, 149). Weiter bemerkt Sedmak, dass arme Menschen durch tiefe Ängste geprägt sind. Weil Armut Verachtung, Demütigung, Ohnmacht und Entmachtung, Exklusion, Einsamkeit und Entfremdung bedeuten kann resultieren aus Armut Vertrauensverlust, Verlassensängste und Selbstabwertung. Das beschädigt die Würde (vgl. Ndayambaje, 2019, 150). Wenn durch diese Erfahrungen Verzweiflung und Aggression aufkommen und das soweit Auswirkungen hat, dass das gemeinschaftliche Zusammenleben dadurch „riskiert" wird, dann nimmt die Würde insofern daran Schaden, weil man sich als „soziales Wesen" verfehlt.

Ndayambaje (2019, 152) weist auf Schaber hin, der deutlich macht, „dass die extreme Armut die Würde des Menschen verletzt, weil sie oft mit dem Recht der physischen Integrität des Menschen verbunden ist und arme Menschen häufig in Abhängigkeiten bringt bzw. sie anderen ausliefert. Menschen, die in Armut leben müssen, können ihr eigenes Leben nicht gegen andere behaupten. Die würdeverletzende Abhängigkeit besteht darin, dass der Arme keine Option hat. Noch verletzender wird es, wenn die gutsituierten Menschen diese Situation ausnutzen, um Arme auszubeuten. ‚Die Abhängigkeit von Anderen, die Unfäigkeit sich ihnen gegenüber behaupten zu können, verletzt die Selbstachtung von Menschen'. Man kann sich selbst achten, wenn man im Stande ist, das Recht über bestimmte Bereiche seines eigenen Lebens zu sichern" (vgl. als Beispiel für diese Seite des Problems hierzu einen Bericht aus Kolumbien unter der Corona-Krise von: Wojczenko, 26.05.2020, 11).

Insofern die Lebensbedingungen und Verhältnisse der Armut durch menschliche Handlungen und Unterlassungen entstanden sind, sind sie demütigend. Dabei muss die zugefügte Armut nicht unbedingt in der Absicht der Menschen liegen und dennoch ist sie demütigend, weil sie von anderen Menschen verursacht worden ist. Weil Menschen unter Armut nicht als Mensch behandelt werden, bloß als Menschen zweiter Klasse oder Untermensch hingestellt werden, machen sie eine Demütigungserfahrung. Auch ist es demütigend für Arme, wenn sie als Person und Gruppe hingestellt werden, dass sie Dämonen seien, oder zu Feinden werden oder als Verbrecher deklassiert werden. Der arme Mensch kann auf verschiedene Weise erniedrigt werden, wenn er gedemütigt, herabgesetzt, diskriminiert, missachtet, benachteiligt oder wenn ihm seine soziale oder materielle Existenzgrundlage vorenthalten wird (vgl. Margalit in: Ndayambaje, 2019, 153). Für Bieri ist es demütigend, wenn Menschen in eine solche Ohnmacht hineingeführt werden, dass es ihnen unmöglich ist, einen Wunsch zu erfüllen, der für das Leben entscheidend ist (vgl. Ndayambaje, 2019, 154). Diese Erfahrung machen Menschen unter der Armut. Es ist besonders demütigend, wenn für die in Armut Gedemütigten ersichtlich ist, dass der Gegenüber einen erheblichen Nutzen aus dieser Ohnmachtssituation der Armut/des Arm-Seins zieht.

„Extreme Armut verhindert die Wahrnehmung von Rechten, weil durch Hunger, Armutskrankheiten oder mangelhafte Unterkunft bedürftige Menschen nicht im Stande sind, ihre Rechte einzuklagen und den Respekt ihrer Mitmenschen zu erlangen. Extreme Armut verletzt damit sowohl aus externer als auch interner Sicht die Menschenwürde, weil sie die Ansprüche zur Wahrnehmung der eigenen Rechte verhindert. Sie macht den Betroffenen abhängig, sodass er nicht in der Lage ist, Selbstachtung und Selbstbewusstsein zu entwickeln“ (Ndayambaje, 2019, 156).

2.3. Verhungern/Sterben

Es gibt und gab nicht nur viele Covid-19-Tote – zum Beispiel in Brasilien und den USA – aufgrund von Armut; es gibt auch viele andere Tote aufgrund von Armut, nach denen bisher kein Hahn krähte. Günter Harmeling (18.03.2020) wies auf den „anderen“ Tod hin, den es gibt, weil er permanent eine Missachtung erfährt, weil es den Personen an Bedeutung fehlt. Er zählt auf: „Jeden Tag sterben 15.000 Kinder an Hunger (=5.475.000 jährlich). Jeden Tag sterben allein in Afrika: 1.500 Menschen an Malaria (= 547.500 jährlich), 600 Menschen an TBC (= 219.000 jährlich) und 3.000 Menschen an den Folgen von Aids (= 1.095.000 jährlich). An der Cholera sterben jährlich 21.000 – 143.000 Menschen“.

Was wir uns klar machen müssen, ist, dass es die Toten in den Entwicklungsländern gibt, nicht nur weil es Covid-19 gibt, weil es die Armut gibt, weil es zerrüttete Gesellschaften gibt, die von den „Eliten des Westens“ gezielt an den Rand des Abgrundes getrieben wurden. Es gibt die Toten auch, weil es das neoliberale Projekt gibt.

So schreibt Naomi Klein zur Katastrophe in Puerto Rico: „Die überwiegende Mehrheit der Opfer aber starb, weil eine Gesellschaft, deren Stützpfeiler systematisch bis zur Zerrüttung ausgehölt und vernachlässigt werden, so dass sie nicht einmal mehr an guten Tagen halten, nicht mehr in der Lage ist, eine echte Krise zu überstehen. Die wissenschaftlichen Studien, die Donald Trump so salopp abtut, zeigen uns deutlich, dass in Puerto Rico ein traditioneller Umweltrassismus am Werk war. Menschen mussten sterben, weil Strom für medizinische Geräte fehlte, weil das Stromnetz seit Monaten daniederlag und weil es im Gesundheitssystem so große Einschnitte gegeben hatte, dass für behandelbare Krankheiten keine Medikamente zur Verfügung standen. Die Menschen starben, weil ihnen zum Trinken nur kontaminiertes Wasser blieb. Menschen starben, weil man sie so lange im Stich ließ und der Hoffnungslosigkeit preisgab, dass ihnen Suizid als die einzige

Option erschien. (Absatz herausgenommen R.M.). All diese Toten waren nicht das Ergebnis einer beispiellosen ‚Naturkatastrophe' oder gar ‚eines göttlichen Beschlusses', wie so oft zu hören ist. Die Toten ehren heißt zunächst einmal die Wahrheit sagen. Und die Wahrheit lautet, dass diese Katastrophe alles andere als natürlich war. Und wenn Sie an göttliche Macht glauben, lassen Sie auch die außen vor" (N. Klein, 2019, 286f.).

Indem gewisse interessierte Kreise entschieden, dass qualifizierte Elektriker entlassen wurden und so das Stromnetz nicht gewartet wurde; indem gewisse interessierte Kreise Länder von Nahrungsmittelimporten abhängig machten; indem gewisse interessierte Kreise eine Abhängigkeit von überteuertem Saatgut und von Pestiziden beförderten; indem gewisse interessierte Kreise Rüstungsexporte förderten; indem gewisse interessierte Kreise regenerative Technologie zur Energieversorgung nicht förderten; indem gewisse interessierte Kreise, auf Sparprogramme im Gesundheits- und Bildungswesen setzten, damit Kredite bedient werden können, gibt es Entwicklungen, die zu Toten führen. Diese interessierten Kreise halten sich im Kreis der und im Umfeld von Eliten auf.

Deswegen werden wir Tote nicht nur verhindern, wenn wir auf einen Impfstoff setzen (vgl. M. Gates, 2./3.05.2020).

Diese Strategie ist auch von einer gewissen Rücksichtslosigkeit geprägt, werden doch nicht die beteiligt, um deren Lebensumstände es geht. Es wird mit der Konzentration auf **den Impfstoff** verkannt, dass bei Graswurzelbewegungen und Selbsthilfeprozessen an der Basis ein Wissen um das, was der Gesundheit dienlich ist, vorliegt, weil sie im täglichen Kampf für die Gesundheit Einsichten in die tieferen Zusammenhänge von Gesundheit und Krankheit, von Armut und Tod gewonnen haben. Sie wissen eigentlich sehr genau, wo sie der Schuh drückt.

Diese Strategie ist auch im Interesse der pharmazeutischen und medizintechnischen Industrie, die es nicht so gerne sieht, wenn der Blick auf die sozialen und gesellschaftspolitischen Voraussetzungen von Gesundheit gelenkt wird. Mit der Konzentration auf **den Impfstoff** werden die WHO und die Politik auf Business-Kurs gebracht. Und die Konzentration auf **einen Impfstoff** führt dazu, dass die Mittel in die Bekämpfung **von nur einer Krankheit** fließt resp. auf nur **eine**

Todesursache geantwortet wird. Ambros Waibel bemerkt sehr treffend die Tragik, dass „für die Erforschung von Krankheiten wie Malaria und Tuberkulose, an denen jährlich Millionen von Menschen sterben, (…) praktisch überhaupt kein Geld ausgegeben (wird R.M.) – schlicht deswegen, weil die von diesen Krankheiten betroffenen Menschen arm sind" (05.06.2020, 13).

Und diese Strategie, mit der kollektiv Gelder für einen Impfstoff eingesammelt wird, lenkt von einem entscheidenden Problem ab, das endlich angegangen werden müsste – dem Patentregime. Dieses müsste reformiert werden, um wirklich auf breiter Ebene Tod in den Entwicklungsländern zu verhindern.

Und mit dem SZ-Interview von Melinda Gates wird nicht das Problem kritisch bewertet, dass heute die Gates-Stiftung stark bestimmt, welche gesundheitlichen Herausforderungen angegangen werden und welche nicht. Dabei geht es Bill Gates vor allem um unternehmerische Lösungen; er will Lösungen, wo Krankheiten mit einem hohen technischen Einsatz bekämpft werden – das hat Vorrang vor in die Breite gehenden präventiven Gesundheitsprogrammen. Und er lenkt damit von politischen und sozialen Pathologien der globalen Verhältnisse ab, die für Gesundheit und Tod entscheidend verantwortlich sind. „Gegen soziale Ungleichheit, den Killer Nummer 1, gibt es keinen Impfstoff, zumindest keinen, der sich industriell herstellen und mit dem sich Geld verdienen lässt. Das Wohlbefinden von Menschen erfordert viel mehr, als ein rein biomedizinischer Begriff von Gesundheit umfasst" (Gebauer/Trojanow, 2018, 134)[6].

6 In einem Beitrag von Claus Hulverscheidt und Kristiana Ludwig (SZ 30.05./31.05./01.06.2020, 21), der sich kritisch mit der Praxis der Bill-und-Melinda-Gates-Stiftung auseinandersetzt, wird deutlich gemacht, dass der Anspruch, global Gesundheit zu fördern, in einem „krassen Widerspruch" zum Ursprung des Geldes der Stiftung steht. Auch spielen „globale Entwicklungsherausforderungen wie Migration, Sicherheit und Klima (…) eine weniger wichtige Rolle" (Christine Hackenesch). Es werden bei Projekten, die die Gates-Stiftung begleitet, mit viel Druck messbare Erfolge in kurzer Zeit angestrebt und es ist weniger die langfristige Entwicklung im Blick. Auch wird viel zu wenig für den Aufbau von Gesundheitssystemen unternommen. Das Handeln der Gates-Stiftung wäre diesbezüglich weniger problematisch, wenn es ergänzend zu weiteren umfassenderen Ansätzen wäre, wird Mareike Haase von Brot für die Welt zitiert. Dann gibt es noch Kritik an der Agrarpolitik der Gates-Stiftung: „Auch hier setze sie auf Erträge, auf die Zusammenarbeit mit großen Saatkonzernen, die dann selbst mitverdienen. Gates' ‚Alliance for Green

2.4. Soziale Unruhen/Bürgerkrieg/Krieg (+ Flucht = wiederum Krisen und Konflikte)

Ruth Gütter schrieb vor gar nicht allzu langer Zeit (2019, 128f.): „Ungerechte Welthandelsstrukturen rauben nicht nur vielen Menschen die ökonomischen Lebensgrundlagen, sie tragen auch dazu bei, dass innerstaatliche wie zwischenstaatliche Konflikte zunehmen. Beispiele sind die Handelsbeziehungen im Agrarbereich. Subventionierung von Agrarexporten aus EU-Ländern nach Afrika z.B. führen dazu, dass afrikanische Bauern ihre Produkte nicht auf dem Weltmarkt absetzen können und somit aus ihrer Armutsspirale nicht herauskommen, was z.T. zur Zunahme von Gewalt und Kriminalität in den betroffenen Gesellschaften führt. Ein anderes Problem ist die Konkurrenz in der Nutzung von Boden und Wasser für den Anbau von Futtermitteln oder Agrarprodukten für den Export in die Industrieländer und für die Ernährung der heimischen Bevölkerung. Die enorme Steigerung des Fleischkonsums in Industrie- und Schwellenländern verstärkt solche Flächenkonkurrenzen. In Ländern wie Äthiopien, in denen immer noch Hunger herrscht, wird im großen Stil Land von chinesischen oder europäischen Investoren für den Anbau von Lebensmitteln aufgekauft, die ausschließlich für den Export nach China oder Europa genutzt werden. Oft gehen solche Käufe einher mit der Vertreibung von Kleinbauern mit nur geringer oder gar keiner Entschädigung. Solche Fälle von Landgrabbing nehmen zu. In den betroffenen Ländern führt dies nicht nur zu mehr Armut und Elend, sondern auch zu handfesten Verteilungskämpfen um die verbleibenden Ressourcen, zu Armutsmigration im Land, die wieder neue Konflikte auslösen. Ein weiteres Beispiel ist der Anstieg von Nahrungsmittelpreisen durch die Spekulation an den Nahrungsmittelbörsen 2007. Infolge der Immobilienkrise erodierte das Vertrauen in die Aktienmärkte und die Spekulation mit Lebensmitteln erschien nun als gewinnträchtige Alternative. Wie explosiv Schwankungen der Nahrungsmittelpreise sind, zeigt das Beispiel

Revolution in Afrika' setze sich sogar bei afrikanischen Regierungen dafür ein, deren Gesetze industriefreundlicher zu gestalten. Dies schade aber dem freien Saatgutaustausch unter Bauern, bemängelt das NGO-Netzwerk Inkota".

Ägypten, wo scheinbar harmlose Maßnahmen wie die Erhöhung der Brotpreise ausreichten, gewaltsame Aufstände auszulösen".

Auch der Klimawandel ist, indem die Kluft zwischen armen und reichen Ländern vergrößert wird, ein Konfliktverschärfer, schreibt sie (vgl. dies., 2019, 132) – er trifft die am härtesten, die am wenigsten dazu beigetragen haben: „Beispiele sind die Zunahmen von Wüstenbildungen in Afrika sowie der Anstieg des Meeresspiegels in vielen asiatischen Ländern oder auf pazifischen Inseln. Das wiederum führt zu massiv ansteigenden Migrationsbewegungen und Verteilungskonflikten um die verbleibenden Ressourcen. Die Zahl der sogenannten Umweltflüchtlinge ist inzwischen auf 30 Millionen weltweit angestiegen und liegt schon heute deutlich über der Zahl der Kriegsflüchtlinge. Sollte es nicht gelingen, die Folgen des Klimawandels abzumildern, wird von einigen Umweltorganisationen mit einem Anstieg auf 300 Millionen Umweltflüchtlinge bis 2050 gerechnet. Die meisten dieser sogenannten Umweltflüchtlinge sind sogenannte Binnenflüchtlinge, d.h. sie flüchten in ihren Ländern oder in die benachbarten Länder. Der ökonomische und soziale Druck in den armen Ländern steigt dadurch und verschärft die Konflikte zwischen verschiedenen Bevölkerungsgruppen".

Die Covid-19-Krise, damit einhergehende Armut infolge der zusammenbrechenden lokalen, regionalen und globalen Wirtschaft trifft auf diese Konfliktkonstellationen. Diese Krise wird, wenn nicht Lösungen gefunden werden, damit zu einem weiteren Konfliktverschärfer. Erste Unruhen in Südafrika deuten das an. In Indien werfen verzweifelte Wanderarbeiter mit Steinen (vgl. Perras, 23./24.05.2020, 5). Und in Bolivien und Chile kam es Mitte Mai bereits zu Demonstrationen mit teilweise gewalttätigen Auseinandersetzungen zwischen den Bewohnern von Armen und Arbeitervierteln und der Polizei (vgl. Gurk, 23./24.05.2020, 9). Es wird dadurch ein zusätzlicher Migrationsdruck aufkommen.

2.5. Krise der Demokratie[7]

Auch bei den letzten Wahlen bestätigte sich der Trend von vorherigen Wahlen – ein großer Teil der typischen Nichtwähler kommt aus dem sozial schwachen Milieu, lebt in prekären Verhältnissen, ist arbeitslos, hat einen niedrigen Bildungsstand oder ist ganz einfach arm, manchmal zutiefst arm: „Die Wahlbeteiligung sinkt, je prekärer die Lebensverhältnisse in einem Stadtviertel oder Stimmbezirk sind. Konkret bedeutet das. Je größer der Anteil der sozial schwächeren Milieus, je höher die Arbeitslosigkeit, je schlechter die Wohnverhältnisse und je geringer der Bildungsstand und die durchschnittliche Kaufkraft in einem Stadtteil oder Stimmbezirk, umso geringer ist die Wahlbeteiligung" (Vehrkamp, 2016; s.a. Velimsky, 2017, 39). In manchen Stadtteilen von Städten wie Kaiserslautern (vergl. Petermann, 2017) oder Köln (vergl. Butterwegge, 2014, 34) oder Berlin glaubt niemand mehr daran, dass die Politiker etwas ändern werden, um die konkrete Not abzuwenden. Manche Wissenschaftler beobachten eine „zunehmende soziale Spaltung der Wählerschaft" (Vehrkamp, 2015). Parallelwelten der politischen Partizipation bilden sich heraus, die auch die sozialen Bewegungen nur unzureichend kompensieren können.

Und der Blick in die Wahlprogramme zeigt, es wird Politik für die Wählenden, nicht für das ganze Volk gemacht (vergl. Kaeding/Pieper/Haußner, 2015). In abgehängten Stadtteilen /Stimmbezirken waren im Wahlkampf keine Stände der Parteien zu sehen bzw. sozial Benachteiligte wurden weniger kontaktiert (vergl. dies.). Und manche Studien zeigen, dass mit der sinkenden Wahlbeteiligung der sozial Schwachen, Arbeitslosen und Armen auch die Politik sich verändert – es wird z.B. weniger Umverteilungspolitik betrieben bzw. nur eine Umverteilungspolitik betrieben, die vom Median-Wähler gewünscht ist (vergl. dies.; s.a. Schäfer, 2013, 563)[8]. Und abgerundet wird dieses Bild durch he-

---

7 Erweiterte Ausführungen aus Mierzwa (2018b, 1–3).

8 An anderer Stelle bemerkt Schäfer: „Wenn insbesondere ärmere Menschen aufs Wählen verzichten, droht die Gefahr, dass deren Anliegen keine Beachtung finden und sich die Verteilung knapper Mittel stärker an den Interessen der Mittel- und Oberschicht orientiert" (Schäfer im Interview, 2016, 56f.). Und er weist darauf hin: Es gibt Stadtteile mit einer niedrigen Wahlbeteiligung, so dass die dort lebenden Menschen immer weniger auf Vorbilder treffen, die das Wählengehen unterstützen

rablassende Beschreibungen des „Unterschicht"-Milieus durch profilierte Politiker (vergl. Tagesspiegel 13.12.2013; s.a. eine Aufzählung von solchen Zitaten durch Marc Brost und Mark Schieritz im Interview mit dem Arbeitsminister Hubertus Heil in der ZEIT, 12.4.2018, 6).

Die Wahlabstinenz der Langzeitarbeitslosen ist aus der Sicht der Wahlabstinenten die Konsequenz eines zu-Ende-Denkens der real erfahrbaren Exklusion, der Ausgrenzung, Marginalität und Stigmatisierung (vergl. Schultheis, 2017, 10 und 21), aber auch extrem sichtbarer fehlender „sozialer Gerechtigkeit" (vergl. Kern, 2017, 49f.). Aber die Wahlabstinenz ist auch eine Reaktion auf die hohle Fassade der verkündeten demokratischen Postulate, auf eine in ihren Augen bestehende „Scheindemokratie" (vergl. Schultheis, 11 und 21). Es wird als ein Problem von den Betroffenen gesehen, dass Menschen aus prekären Schichten in den Parlamenten nicht mehr repräsentativ vertreten sind (vergl. Tertelmann, 2017, 24; s.a. Kern, 2017, 52), kein Gehör finden (vergl. Tertelmann, 2017, 25; s.a. Kern, 2017, 48 und 52) und man mit politisch Verantwortlichen nicht im Gespräch ist (vergl. Tertelmann, 2017, 25; s.a. Kern, 2017, 48). Statt auf die Langzeitarbeitslosen einzugehen schielen in den Augen der Langzeitarbeitslosen Politiker aufs Geld und die Karriere und handelten zugunsten der Wirtschaft und der einkommensstarken Schichten (vergl. Kern, 2017, 49). Es besteht ein tiefer Vertrauensverlust (vergl. Schultheis, 2017, 14). Die Wahlabstinenz der Nichtwähler ist in ihren Augen Ausdruck einer Meinung, dass man kein „radikaler" Wähler resp. Wähler radikaler Parteien sein möchte (vergl. Schultheis, 2017, 19; s.a. Kern, 2017, 47). Sie sehen sich damit mehr der Demokratie verpflichtet, als es scheint. Sie sind erstaunlich stark an politischen Fragen interessiert, verfolgen das politische Geschehen in den Medien (vergl. Kern, 2017, 46) und sind berührt von dem, was politisch entschieden wird (vergl. Schultheis, 2017, 20). Langzeitarbeitslose würden mehr direktdemokratische Möglichkeiten befürworten, da diese aber fehlen, ist ihre politische Meinungs-

und befürworten. Das ist vor allem in Stadtteilen mit vielen Bewohnern/-innen mit einem niedrigen sozialen Status der Fall (vergl. S. 60).

bekundung die Wahlabstinenz (vergl. Schultheis, 2017, 20; s.a. Kern, 2017, 53)[9].

Dazu kommt, dass die Nichtwähler die Demokratie als „Demokratie ohne Wähler" sehen und infolge der geringen Repräsentation der Bevölkerung die innere Legitimität der gewählten demokratischen Institutionen anzweifeln. Das kann zu einer weiter sinkenden Wahlbeteiligung führen (vergl. Vehrkamp, 2016; s.a. Schultheis, 2017, 22).

Aber es gibt auch einen anders deutlich werdenden Vertrauensverlust in die Demokratie. Manche der „Unerhörten" unter den Armen „radikalisieren sich und wählen populistische Parteien, die ‚dem System' den Kampf ansagen, und laufen bei PEGIDA mit (...)" (Lilie, 2019, 157). Lilie weist auf „DIE ZEIT" hin, die schon 2017 problematisierte: „Viele Menschen, die heute Anhänger der Rechtspopulisten sind, haben sich schon vor Jahren von der Demokratie abgewandt" (bei: Lilie, 2019, 157). Nachdem sie jahrelang Nichtwähler waren, aber die Elite davon unbeeindruckt weitermachte wie bisher mit dem neoliberalen Projekt, kehrten sie als Wähler der Front National, der AfD usw. zurück (vgl. bei Lilie, 2019, 157 und M. Hartmann, 2019, 22). Die Erfolge der AfD können daher auch als notwendige Korrektur eines Repräsentationsproblems (von Fragen und Problemen der Armen und Abgehängten) betrachtet werden, eine Reaktion auf die Erfahrung, nicht gehört zu werden (vgl. Lilie, 2019, 158) und keine Lösungen für mehr soziale Gerechtigkeit zu sehen (vgl. M. Hartmann, 2018 und 2019; s.a. den Hinweis von Ch. Butterwegge, 2020, 384 auf M. Hartmann, 2013; auf Seite 386 bemerkt Ch. Butterwegge, dass rechtspopulistische Parteien wie die AfD und rassistische Gruppierungen wie PEGIDA von einer zunehmenden Verteilungsschieflage profitieren). Allerdings sollte man hier genderspezifisch genau sein: Der Aufstieg der AfD und des

9 Wahlverweigerer handeln nach Dirk Jörke (2017), wie viele Thesen zu Nichtwählern nahelegen, nicht irrational, sondern zeigen eine verzweifelte Form der Rationalität. Da in Zeiten der Postdemokratie, durch die Wahl kaum mehr noch eine inhaltliche Programmierung der Politik bewirkt werden kann, die Politik immer weniger an Chancengerechtigkeit und Gleichheit interessiert ist, die Nichtwähler sich nicht mehr mit der durch die Wahl gestifteten Gemeinschaft der „Demokraten" identifizieren können, scheint es für sie sinnlos zu sein, sich an dem Ritual Wahl zu beteiligen. Die Nichtwahl, der Wahlboykott, ist ein Appell, hier in der Politik etwas grundlegend zu korrigieren (vergl. S. 114–117).

Rechtspopulismus müsste präziser als Folge männlicher Arbeitslosigkeit und Prekarität erklärt werden (vgl. Koester, 04.06.2020, 6)[10].

Und man wird mit diesem Vorwissen sich fragen müssen, wie es nun unter der Corona-Krise dazu kam, dass auch Rechtspopulisten auf Demonstrationen präsent waren, wo demokratische Grundrechte eingefordert wurden. Auch die Verschwisterung verschwörungstheoretischen Gedankengutes mit rechtspopulistischem Gedankengut in der Zeit der Corona-Krise ist mit Blick auf diese Seite der Krise der Demokratie aufmerksam zu betrachten. Sind diese Phänomene neuer Ausdruck eine Krise der Demokratie – nun unter den Bedingungen der Corona-Krise?

Erfahrungen aus Aachen, bei Demonstrationen am 16. Mai 2020, zeigten aber auch, dass verletzliche und ärmere Teile der Bevölkerung durchaus „differenziert" demonstrieren und sich von Demonstrationen, die von Akteuren aus der „rechten Ecke" dominiert werden, absetzen können (vgl. https:/www.nachdenkseiten.de/?p=61175 abgerufen am 26.05.2020).

---

10 Christoph Butterwegge weist darauf hin, dass die AfD sich gegenüber Erwerbslosen, Arbeitern und Angestellten als Sprachrohr der sozial Benachteiligten inszeniert. Tatsächlich verweisen dunkle Finanzierungsquellen, zahlungskräftige Gönner und ihre unsoziale Programmatik darauf hin, dass sie eine Partei der Privilegierten ist. „Sie will denn auch nicht etwa Hartz IV, seine Kontrollmechanismen und Sanktionen, sondern die Vermögenssteuer und die Erbschaftssteuer wie auch den Solidaritätszuschlag abschaffen. Dabei handelt es sich um Steuerarten bzw. um eine Ergänzungsabgabe zur Einkommen-, Körperschaft- und Kapitalertragssteuer, die fast ausschließlich Wohlhabende, Reiche und Hyperreiche treffen" (Butterwegge, 2020, 384f.; s.a. 388).

3. Die „Vorrangige Option für die Armen" neu vermessen

Die nachfolgenden Ausführungen zur „Vorrangigen Option für die Armen" werden neu vermessen aus der Option für die Exkludierten heraus. Das ist notwendig, zeigten doch die vorangehenden Ausführungen, dass es gesellschaftlichen Ausschluss gibt. Durch Covid-19 wurde besonders deutlich, dass es Arme gibt, die nicht nur unten, sondern auch am Rande und ohne Einfluss leben. Covid-19 zeigte auf, dass es Arme nicht nur als Ausgebeutete gibt, sondern auch als „Überflüssige" und als „menschlichen Abfall". Die Armen gibt es nicht nur infolge einer aktiven Ausgrenzung; es gibt auch Arme, die gewissermaßen unsichtbar sind – zum Beispiel in Indien während der Corona-Krise (vgl. Perras, 23./24.05.2020, 5). Covid-19 zeigte: Ganze Bevölkerungsteile der Gesellschaften werden nicht mehr thematisiert. Und selbst der Ausgrenzungsprozess geriet aus dem Blickfeld, während er beobachtet wird. Arme werden zwar in ihrem Elend gesehen, aber doch zugleich übersehen. Die ausgegrenzten Armen sind mittendrin und sind doch zugleich buchstäblich Existenzen im Nichts. Es gibt Arme, wie einige Obdachlose, bei denen nicht mehr darauf geachtet wird, ob sie „noch" die Normen der Mehrheitsgesellschaft teilen. Es gibt Arme, wie Indigene in Brasilien, die in den Augen einiger keinen positiv definierten Platz in der Gesellschaft mehr einnehmen dürfen. Es gibt Arme, wie Flüchtlinge, denen entgegen ihrem Willen, der Zugang zur Gesellschaft verweigert wird. Weil wir nicht auf die Straße gehen, vielmehr im Salon sitzen bleiben, wird dieser Ausschluss fortwährend verlängert. Weil wir nicht unsere „geschützten Räume" verlassen, werden diese Menschen nicht hineingeholt in unser Leben, unsere Wahrnehmung und in die Begegnung. Und weil wir bei den Exkludierten nicht lange bleiben und uns nicht so oft wie nötig bei ihnen aufhalten, wie von ihnen gewünscht, werden uns „seelische und existenzielle Not" der Exkludierten nicht deutlich (vgl. hier Schäper, 2014, 60–63; s.a. Butterwegge, 2020, 121–128).

3.1. Vorrangigkeit[11]

Zunächst einmal ein Hinweis auf ein ganz großes Hemmnis, sich auf die „Vorrangige Option für die Armen" einzulassen. Die Fähigkeit „vorrangig" sich den Armen zuzuwenden, entscheidet sich daran, wie ausgeprägt die narzisstische Struktur von jemandem ist. Überhaupt die Perspektive einer Vorrangigkeit in den Blick zu bekommen wird erst möglich, wenn man eine echte Zuneigung und Fürsorge für andere Menschen aufbringt. Besteht eine Unempfindsamkeit gegenüber den Bedürfnissen und Wünschen anderer, dann wird es für diese Menschen unmöglich „vorrangig" für die Armen da sein zu wollen. Dies zeigt sich an den Eliten, wo die Lage der Armen „niemanden wirklich interessiert" (Hartmann, 2019, 22; s.a. Hartmann, 2018, 226–232). In den Analysen zu Brasilien, Indien und den USA zeigte sich auch, dass die Elite sich nicht wirklich für die Lage der Armen unter der Corona-Krise interessierte – Bolsonaro, Trump und Modi sind ungeheuer mit sich selbst beschäftigt. Weil Narzissten, nicht richtig verstehen können, was Armut für ein Leid bei den davon betroffenen Menschen anrichtet, unternehmen sie viel zu wenig gegen Armut, ist der Aspekt der „Vorrangigkeit" für sie völlig irrelevant. Dann aber auch die Einschätzung: „Menschen mit narzisstischen Störungen brauchen problematische und leidvolle gesellschaftliche und soziale Verhältnisse, die ihnen helfen, ihr wirkliches Leid zu vertuschen und zu vergessen" (Maaz, 2012, 85). Und so ist für diese Menschen der Aspekt der „Vorrangigkeit" überhaupt nicht diskutabel.

Der Aspekt der „Vorrangigkeit" ergibt sich aus einem anthropologisch-ethischen, dann aber auch aus einem theologischen Anknüpfungspunkt.

* Der anthropologisch-ethische Standpunkt entwickelt den Aspekt der „Vorrangigkeit" aus der Menschenwürde. Er besagt, dass sich von dem Eingehen auf die Lebenslagen der Armen und „Letzten" entscheidet, was man von der Würde des Menschen hält resp. ob man sie wertschätzt. Er besagt aber auch, dass sich die Wertschätzung des Menschen nicht nur in einer Reaktion auf Mangellagen

11 Vorüberlegungen für diesen Abschnitt erfolgten in: Mierzwa, 2016a, 130–133; Mierzwa, 2017, 56–59; Mierzwa, 2019, 44–47; Mierzwa, 2020c, 56–57

erschöpfen darf. Gerade in der vorrangigen Aufmerksamkeit für die Qualitäten, Hoffnungen und Weisheiten der Armen zeigt sich, ob man den Aspekt der Menschenwürde ernst nimmt (vgl. Büchele, 1989, 114f.; s.a. Ederer, 9./10.05.2020, 33).

* Der theologische Standpunkt macht deutlich, in der „Vorrangigen Option für die Armen", also im „vorrangigen" Hinwenden zu den Armen entscheidet sich der christliche Glauben (vgl. hier Susin/Hammes, 2011, 111). Die Welt der Armen wird von theologaler Bedeutung. Die Wahrheit der Realität wird mit der „vorrangigen" Zuwendung zu den Armen radikaler. Indem alle Armen zur Mitte einer Option für das Leben werden, werden entscheidende Voraussetzungen für das Grundverständnis solidarischen Zusammenlebens geschaffen. Solidarität wird daran zu messen sein, wie weit die Zugehörigkeit aller Armen zur Gesellschaft wieder hergestellt wird. Ohne Solidarität mit allen Armen kein Heil. Mit der Reich Gottes Verkündigung ernst machen bedeutet sich von jedem Narzissmus zu befreien, um sich voll für die gequälten Armen interessieren zu können, um dann eine wirklich neue Form von Gesellschaft zu wollen, die größer ist als Gott selbst (vgl. Susin/Hammes, 2011, 114). Jeder Arme kann ein privilegierter „theologischer Ort" sein, um das Einbrechen Gottes und des Heiligen Geistes in die Welt zu erfahren und zu begreifen. „Vorrangige Option für die Armen", das heißt diese auch als Träger der Evangelisierung zu erkennen. Sie können helfen, die Botschaft des Evangeliums in einem neuen Licht zu sehen, Menschenwürde und Mitgefühl mit einer anderen Atmosphäre verknüpft zu betrachten, neue Chancen und Möglichkeiten des Brücken-Schlagens und der Beziehungshaftigkeit zu begreifen. In den Armen leben Schätze und Möglichkeiten des Glaubens, die „uns" nicht bekannt sind. Mit jedem Armen kann die Allgegenwart des „kosmischen Christus" möglich sein.

* Der theologische Standpunkt ist „religionslos" (vgl. Mierzwa, 2019b) zu formulieren. Jon Sobrino sagt zwar: extra pauperes nulla salus. Damit meint er, dass an den Armen vorbei und ohne sie es keine „Erlösung" gibt. Aber unter einer „religionslosen" Perspektive verschiebt sich auch der „Erlösungsort"; er ist nicht exklusiv kirchlich zu fassen, sondern er hat auch eine historische und soziale Dimension außerhalb der/den Kirche(n). Er ist auch dort, wo die Ar-

men „Kreise der Liebe bilden" oder sich in der Zivilgesellschaft, in sozialen Bewegungen, in der solidarischen Landwirtschaft oder auch in ökologischen Dörfern versammeln, produktiv tätig werden und eine andere Welt aufbauen. Hier muss nicht die Plakette „Gott" unbedingt daran hängen. Es sind Bewegungen und soziale Bündnisse, die keine Opfer wollen, die Armut nicht individualisieren und das (gute) Leben wollen. Damit sind sie zwar im guten Sinne bei dem von Gott Gewollten, müssen sich aber manchmal von einem Gott der (bürgerlichen) Kirche(n) hierbei entfernen, weil hier der Arme nicht radikal vorkommt. Wenn man mit den Armen ist, wird man zwangsläufig aus der (bürgerlichen) Gesellschaft der (strukturellen) Sünde, des Tod-Bringens, der Geringschätzung von Armen und des wenigen Mit-Leids mit den Armen ausziehen müssen. Die „Vorrangige Option für die Armen" ist produktiv in Bezug auf Handeln. Mit der „Vorrangigen Option für die Armen" verlässt man einen Ort, der versucht die Zuwendung zu den Armen „innerhalb" der bürgerlichen Komfortzone bzw. „innerhalb" des finanzkapitalistischen Systems bzw. „innerhalb" einer Kultur der „imperialen Lebensweise" zu begründen und zu rechtfertigen – denn hier findet man nicht zu dem bedingungslosen Dienst für den Anderen/den Nächsten/den Armen.

Die „Vorrangigkeit" der „Option für die Armen" wird darin deutlich, dass man sich den Sinn für die Berührung der Armen bewahrt. Auf die Zerbrechlichkeit des Armen zu reagieren, indem man sein Empathie dadurch zeigt, dass man beim Zuhören behutsam den Arm des Armen mit der Hand berührt, darin wird die „Vorrangige Option für die Armen" deutlich. Aber auch darüber zu trauern, dass unter der Corona-Krise es nicht mehr möglich war, mal ein Straßenkind oder einen Obdachlosen – bei Bedarf – zu umarmen; darin zeigt sich auch das „vorrangige" Element bei der „Option für die Armen" (vgl. Jean-Luc Nancy, 25.05.2020; Lobenstein, 07.05.2020, 4; Strassenkinder-ev.de):

Der Aspekt der „Vorrangigkeit" betont noch einmal besonders deutlich, dass die „Option für die Armen" der Fremdperspektive unterliegt. Das bedeutet, die „Option für die Armen" ist zu einem gewissen Grad aus der Verfügungsmacht des einzelnen Menschen herausgenommen. Während der „reine" Optionsbegriff noch sehr stark mit der Interpretation persönlicher Entschiedenheit und individuell gewählter

Parteilichkeit konnotiert, so schränkt der Begriff „vorrangig“ den Raum des subjektiv Entscheidbaren relativ ein. Über das Prädikat „vorrangig“ wird deutlich angezeigt, dass die Zuwendung zum armen und benachteiligten Menschen „vor“ die menschliche Entscheidung gestellt ist – es gilt der „objektive Sachverhalt“ der Armut und der Anspruch der Menschenwürde. Das heißt: Bevor man sich Gedanken macht, ob man sittlich handelt, soll man „vorbehaltlos“ anerkennen, angesichts von Leid und Ohnmacht, angesichts von fehlender Freiheit der Person, dass man sich den Schwachen/Armen/Ausgegrenzten/Benachteiligten schon wegen ihrer Exklusion und Benachteiligung zuwendet.

3.2. Option[12]

Das Methaphernfeld, das mit dem Begriff Option verknüpft wird, umfasst so Begriffe wie „Vorzugsregeln“, „Prioritäten“ oder „Perspektiven“. Diese können durch die in ihnen gebündelten Erfahrungen, Erkenntnisse und Wertanreicherungen dazu beitragen ethische, soziale, politische und theologische Fragestellungen zu öffnen, zu schließen, zu weiten und zu verengen. Auch wird durch Perspektiven erst gestaltendes Handeln möglich, denn diese schenken Unterscheidungsgabe (vgl. Büchele, 1989, 110). Doch wie kommt es zu Standpunkten, Perspektiven, Parteilichkeiten – kurz Optionen?

Wirtschaftliche, soziologische und politische Analysen scheinen offensichtlich nicht auszureichen, um optionales Handeln tragfähig grundzulegen. Es wird dadurch zwar der Scharfsinn vertieft, die Unterscheidungsgabe verstärkt, anfanghaft die Chance zu einem Perspektivenwechsel eröffnet; aber es gelingt offensichtlich damit nur unzureichend, die Aufmerksamkeit im Handeln zu konzentrieren, die Initiativkraft zu verstärken und die Kultur der Beharrlichkeit gegenüber einem Klima der Resignation und des Fatalismus zu vertiefen. Diese Bedeutungsdimension gehört aber notwendig dazu, wenn man von einer Option sprechen kann. Eine Option ist daher nicht nur eine „sachliche“ Korrektur des Sehens, Urteilens und Handelns; eine Opti-

12 Bearbeiteter Abschnitt aus Mierzwa (2016a, 120–124).

on hat auch den Charakter einer Grundentscheidung. Das bedeutet: In einer Option geht es nicht nur um die sozial-analytische und rational-reflexive Aufbereitung von Welt, sondern auch um das, was in dem Begriff „Entschiedenheit" transportiert wird; nämlich sich frei als „einmalig" sittlich beanspruchtes Subjekt anzunehmen und zu realisieren.

In der Diskussion der „Vorrangigen Option für die Armen" werden vor allem drei Verhaltenskulturen betont, die offensichtlich bedeutsam sind, um diese Option auszubilden und dann weiterhin zu leben: Dazu gehört die Kultur der Betroffenheit, die Fähigkeit zum Standortwechsel und damit einhergehend die Fähigkeit zum Perspektivenwechsel.

a) **Zur Kultur der Betroffenheit**: Optionen entstehen offensichtlich nicht vorrangig unter einer Statistikmentalität, der theoretischen Aufarbeitung der Ideengeschichte oder durch eine zunehmende Steigerung des Informiert-Seins. Für das Entstehen von Optionen scheint zunächst eine Kultur der Betroffenheit, der Mitleidsfähigkeit beziehungsweise eine Kultur des Feingespürs sowie der Empathie bedeutsam zu sein. Wahrscheinlich hängt die Entwicklung von Optionen sehr eng mit der Fähigkeit und Bereitschaft zusammen, offen genug zu sein, um sich innerlich treffen zu lassen. Eine Kultur der Betroffenheit wächst offensichtlich aus der konkreten Begegnung mit Anderen. Das bedeutet, dass zur Kultur der Betroffenheit notwendig die Bereitschaft dazu gehört, auf Andere zu zugehen bzw. von Anderen sich erzählen und zeigen zu lassen, was seine Existenz ausmacht. Es ist schon ein Unterschied, ob man in die Krisenregion „einfliegt" und täglich in das behagliche Hotelzimmer zurückkehrt oder ob man durch das Leben in Armutsvierteln mit den hygienischen Problemen leibhaftig konfrontiert wird (vgl. Mayer, 2006). Das theologische Argument sagt, dass die Fähigkeit zur Betroffenheit wächst mit der Erlösung, die der Mensch im Glauben erfahren hat und der er zugestimmt hat.

Exkurs: Betroffenheit bezüglich der Armut oder der Armen bei öffentlich-rechtlichen Sendern?
Bernd Gäbler (23.03.2020) zeigt mit Forschungsergebnissen von M. Hartmann auf, dass in den öffentlich-rechtlichen Sendern nahezu gar nicht aus einer „Vorrangigen Option für die Armen" heraus berichtet oder „erzählt" wird, weil die soziale Herkunft der Journalisten*innen nun einmal die Berichterstattung präge (vgl. 69). Hier seien, insbesondere auf Leitungsebene der öffentlich-rechtlichen Sender, Menschen mit nicht privilegierter Herkunft völlig unterrepräsentiert und das hat Konsequenzen darauf, was gesendet wird bzw. nicht zur Sprache kommt (vgl. 69). Gäbler macht gewissermaßen deutlich, dass es im Sinne der „Vorrangigen Option für die Armen wäre" – ohne die Option als Formel bewusst aufzugreifen, wenn der öffentlich-rechtliche Rundfunk, ARD und ZDF tatsächlich „für alle" da sein würden und nicht die Augen verschließen würden vor den Lebenswirklichkeiten am Rande der Wohlstandsgesellschaft (vgl. 71). Bei seiner Spurensuche in Europa stößt er auf Filme, die soziale Themen gleichzeitig so hart und so zart vorstellen, so dass die menschliche Würde gewahrt bleibt. Das würde er sich auch für Deutschland vorstellen, damit das Thema Armut nicht der respektlosen (vgl. 25) und hinterhältigen (vgl. 26f.) Art und Weise der Darstellung, wie bei RTL II überlassen bleibt, wo mit der Kamera im Elend gewühlt wird, Schwächen und Krankheiten nicht dezent behandelt werden (vgl. 28f.) und ernsthaften Gedanken und tatsächlichen Gefühlen nicht wirklich wertschätzend auf den Grund gegangen wird (vgl. 30). Gäbler ist, das macht die Untersuchung deutlich, einer Präsentation der Armutsfrage in Film und Fernsehen auf der Spur, wo bei der Darstellung der Situation der Armut zwar nichts beschönigt wird, aber aus Anstand nicht alles gezeigt wird (vgl. das Interview mit Holger Baass auf S. 65 bei: Gäbler, 2020). Und es muss das „Warum?" thematisiert werden – z.B. welche Verzweiflung Menschen in die Obdachlosigkeit getrieben hat bzw. wie die Biografie hinter und vor der Lebenslage Hartz IV aussieht. Aber das Interview mit Aelrun Goette (in: Gäbler, 2020, 72ff.) zeigt auch noch auf, dass eine Ursache für die geringe mediale Präsenz von Lebenslagen der Armut auch darin liegt, dass sich kaum jemand wirklich dafür interessiert. Aus Angst, dass die quotensicheren Zuschauer nicht mehr einschalten würden, wagt man mit diesem Thema keine Experimente. Schließlich deutet sie auch den weitgehenden Ausfall von „Armutsperspektiven" in Film und Fernsehen mit dem Problem der Abwesenheit von Dialog in der Gesellschaft und in den Medien an. Weil eine Kultur des interessierten Austausches abhandengekommen ist, stattdessen überall endlos monologisiert wird, fällt das-sich-Einlassen auf die Lebenslage Armut aus. Filme und Dokumentationen, die einen Impuls zu Gesprächen über Armut geben könnten, werden weniger gewagt, weil man in den „Medienzentralen" spürt, dass in der Gesellschaft weniger zugehört wird. Und zuweilen ist die Komplexität des Themas Armut nicht so einfach filmisch zu greifen – deswegen geht man dem Thema auch manchmal aus dem Wege. Seine Untersuchung war eine Untersuchung aus einer Betroffenheit heraus – das wurde von Beginn an deutlich.

b) **Zur Fähigkeit des Standortwechsels**: Oben wurde festgehalten: Mit der Kultur der Betroffenheit scheint eng die Fähigkeit zu einem Standortwechsel verknüpft zu sein. Man kann die „Wahrheit" des Lebens der Armen nur dann ergreifen und erfahren, wenn man den Mut aufbringt zu ihnen auf die „Rückseite der Geschichte und Welt" (vgl. Réjon, 1990/1995, 271) zu kommen und sich auf sie einlässt. Jemand, der die Vorentscheidung für ein Leben in der Komfortzone fällt, wird weniger sehen können, welche Betroffenheiten und Bedürfnisse bei Menschen bestehen, die in der Schlange vor einer Tafel zweieinhalb Stunden anstehen müssen, um Essen zu erhalten. Man kann ein Leben führen, wo man Armen nicht konkret begegnet (Wahl des Wohnortes, Urlaub auf Kreuzfahrschiffen, wenige Wege zu Fuß durch die Stadt usw.). Gleichwohl muss man nüchtern zur Kenntnis nehmen, dass ein Standortwechsel nie in vollem Umfang gelingen wird; es bleibt eine gewisse Distanz zwischen der Welt der Armen und der eigenen Lebenswelt. Diese ist begründet in unterschiedlichen kulturellen Entwicklungen sowie verschiedenen Erfahrungswelten. Es ist aber auch – vor allem gegenüber den „absolut Armen" – darin begründet, dass die absolute Armut mit ihren Ohnmachts- und Abhängigkeitserfahrungen eigentlich nicht erfahrbar ist für die, die ein anderes Leben erfahren haben, Auswege kennen, ein gewisses (Aus)Bildungsniveau vorweisen, eine berechtigte Hoffnung auf Freunde und Familien als Helfer in der Not haben usw. (vgl. Banawiratma/Müller, 1995, 99f.). Deswegen sollte die Praxis des Standortwechsels allenfalls als „Pendelbewegung" beschrieben werden, wo man sich nur für einen gewissen Zeitraum auf den Lebensrythmus und die Lebenssituation der Armen einlässt.

c) **Zur Fähigkeit des Perspektivenwechsels**: Es wird oben ebenfalls deutlich: Ein Perspektivenwechsel unter der „vorrangigen Option für die Armen" ist mehr als nur eine kriteriologische Erweiterung eines ethischen Koordinatensystems innerhalb eines Reflektionsprozesses. Die Option für die Armen besagt, diese Perspektive sollte aus einem konkret vollzogenen Standortwechsel gewonnen sein. Denn vor allem ein Standortwechsel vermag ansatzweise das notwendige materielle, kontextuelle und kulturelle Hintergrundwissen liefern, um den Sinngehalt von Informationen zur Lebenslage bzw. über die Weisheit der Armen zu verstehen. Bei einem Perspektivenwechsel, der durch einen Standortwechsel zustande kam, lernte man für die Option für die Armen von den Optionen der Armen selbst. Was die Armen selbst entschieden zu einer Option der Befreiung machen wird relevant für unsere Perspektive. Gleichwohl kann mit einem Standortwechsel ein Perspektivenwechsel bzw. der Zugang zu Erfahrungen nur bruchstückhaft gelingen, denn die Realität und Existenz der anderen geht weit über das sinnlich Wahrnehmbare und sprachlich Kommunizierbare hinaus. Die von den armen Anderen gewonnenen Perspektiven bleiben deswegen immer ambivalent. Man muss davon ausgehen, dass in den mit dem Perspektivenwechsel gewonnenen Einsichten immer eine Unschärfe und Unsicherheit daraufhin besteht, was die Welt der Armen ist, was das Befinden der Armen ist und was die Bedürfnisse der Armen sind. Der Perspektivenwechsel wird daher immer von einer erkenntnistheoretischen Bescheidenheit und Demut begleitet sein müssen.

3.3. „für"

Für die Armen da sein kann man nur, wenn man sich von den Armen ansprechen lässt, wenn die Armen einem etwas sagen dürfen, wenn man Begegnung zulässt (vgl. Hagen, 2016), wenn man die fremde Provokation durch die Armen an sich heranlässt, wenn man innerlich gespeist ist durch den Schrei der Armen, durch die stumme Trauer oder durch das stumme Flehen der Armen – also ohne Angst vor den Armen ist. Das „Für" ist nur dann ein „für", wenn es gesättigt ist von der Provokation, dem Schrei, von dem von den Armen gesagt bekommen, dem stummen Flehen und dem traurigen Blick. Früher bemerkte ich einmal: „Die Armen müssen deutlich machen, ob sich ihr Anliegen bzw. ihre Optionen in der Option für die Armen wiederfinden" (Mierzwa, 2016a, 134).

„Für" jemanden da zu sein ist nur möglich, wenn er Anerkennung erfährt. Die Realität zeigt, dass dieser Anerkennungsvorgang alles andere als selbstverständlich ist – siehe den Umgang mit Flüchtlingen unter der Corona-Krise (vgl. Schredle, 25.04.2020, 1). Hier zeigte sich, dass diese Menschen nicht in vollem Umfang als „Dazugehörige" wahrgenommen wurden, darin deutlich werdend, dass es gar so häufig nicht-betrauerbares Leben war (vgl. Judith Butler in: Seidel, 2018, 34ff.). Ihr Tod wurde gar nicht so selten nicht als Verlust qualifiziert. Auch der Blick auf Afrika zeigte, dass nur eine geringe Betrauerbarkeit der Population vorlag; manche verhalten sich so, dass Teile der afrikanischen Bevölkerung als verloren und aufgegeben betrachtet werden können. Sie sind so wenig Gleiche, so wenig Dazugehörige, so sehr wenig wirklich Lebende für uns in Europa, so dass es nicht bei uns auf nennenswerten Widerstand stößt, wenn die vielen Toten durch Armut, TBC, HIV etc. in der medialen Berichterstattung ziemlich unsichtbar sind. Bis Mitte Mai 2020 hatte das sich unter der Corona-Berichterstattung nur wenig geändert. Hier zeigte sich welche Toten Dazugehörige waren, wer es wert war betrauert zu werden. Jeannette Hagen (2016) versuchte vor Jahren (im Sinne von E. Lévinas) das Antlitz der Flüchtlinge wieder in den Bereich der Sichtbarkeit und Wahrnehmung hinein zu befördern, damit man wach wird für das, was an einem anderen Leben gefährdet ist oder vielmehr wach zu sein für die Gefährdetheit des Lebens an sich. Dass dieser Versuch kaum gelungen ist, zeigt sich daran, dass z.B. vorwiegend nur in der „taz" davon berichtet wird, wie die Corona-Krise in der Realität der Flüchtlingsunterkünfte sich darstellte bzw. sich Gedanken machte mit den Menschen in den Flüchtlingslagern. Mit Blick auf Flüchtlinge besteht in unserer Gesellschaft/Politik unter der Corona-Krise eine gewisse Empathie-Verweigerung. Aber die Menschen drängen zurück in die Sphäre der Lebenden – Frauen, Kinder, Flüchtlinge, Afrikaner; das zeigte sich in einem Teil der Informationen, die durch NGO's unter der Corona-Krise verbreitet wurden. Sie wollen betrauerbare Subjekte sein. Dadurch gewinnen sie Wert und Würde in einer Situation des massiven Bedroht-Seins. Und es soll der Prozess des Ausschlusses, der Missachtung rückgängig gemacht werden – das wird dadurch deutlich. Wenn wir an einem neuen Gefühl für das Heilige jedes Menschenleben arbeiten, dann wird die partielle Gleichgültigkeit gegenüber Afrikanern, Frauen und Kindern überwunden und es wird der Weg eröffnet, dass die Gesellschaft den Sinn für die Betrauerbarkeit aller Menschen wieder gewinnt.

„Für" jemanden da sein, kann man im ethisch-religiösen Sinne nur, wenn man jede „Gewaltbereitschaft für Gott" (vgl. Graf in: Seidel, 2018, 179) zurückgelassen hat und wenn das „destruktive Potential der Religion" (vgl. Anselm in: Seidel, 2018, 181) überwunden wird[13]. „Für" jemanden da sein gelingt nur, wenn die Religion ein Bewusstsein entwickelt, „dass wir als Sterbliche alle miteinander verbunden sind und niemand von vornherein davor gefeit ist, zu scheitern, zu den Schwa-

13 Siehe die Verwobenheit der evangelikalen Kirchen in Brasilien mit Bolsonaros Agieren in Brasilien gegenüber den Armen (vgl. Souza, Mai 2020, 82 und 83).

chen, zu *den Anderen* zu gehören" (Kaufmann in: Seidel, 2018, 184; Herv. i. Orig.).

Ein für-die-Armem-da-Sein ist dann davor gefeit, paternalistisch zu werden, wenn es ein care-orientiertes für-die-Armen-da-Sein ist. Denn darin wird echte Beziehung gelebt, die Verletzlichkeit wirklich geachtet, achtsam und aus Empathie für den Armen sich verhalten. Das bedeutet für den Armen da sein aus dem Bewusstsein, dass wir Menschen aufeinander angewiesen sind und mit einem Feingefühl für die wechselseitige Interdependenz/Abhängigkeit. Für den Armen da sein auch in dem Bewusstsein, dass bestimmte Menschen verletzlicher und schwächer sind, aber auch in dem Bewusstsein darum, dass die Gesellschaft darüber entscheidet, welche Verletzlichkeit im Bewusstsein der Gesellschaft/Öffentlichkeit ist[14]. Für den Armen da sein dann auch unter der Aufmerksamkeit für die Kontexte der Armut und dem

14 Markus Dederich (2020) weist u.a. darauf hin, dass sehr intensiv und sehr häufig die Vulnerabilität als medizinisch und psychologisch konturierte Kategorie gedacht und gesprochen wird. Die Vulnerablität wird zuweilen als anthropologische Grundaussage ins Gespräch gebracht, dann gibt es aber auch sozial- und kulturwissenschaftliche Zugänge. Er wendet sich dem Ansatz von Judith Butler zu. Nach jener ist die Verletzbarkeit zunächst ein allgemein menschliches Phänomen, etwas, das „mit dem Leben selbst entsteht". Aber sie macht ganz genau deutlich, dass man eine allgemeine Verletzbarkeit des Menschen nicht losgelöst von eine verletzenden Gesellschaft, Politik und Kultur thematisieren darf. Deswegen spricht sie von der Verletzbarkeit auf zwei Ebenen – auf der Ebene der „natürlichen" Verletzbarkeit und auf der Ebene einer zum Beispiel sozial ungleich verteilten Verletzbarkeit in der jeweiligen konkreten sozialen historischen Situiertheit der Subjekte. Aber sie sagt zusätzlich, dass Verletzungstatbestände einem gesellschaftlichen Anerkennungsprozess unterliegen. Sie müssen bestimmte soziale, kulturelle und politische Kriterien erfüllen, um von einer Gesellschaft als Verletzung anerkannt zu werden. So ist das, was als Verletzung gedacht, besprochen und anerkannt wird einer machtunterfütterten diskursiven Praktik ausgesetzt. Sie verabschiedet sich hier also von der Vorstellung von einer quasi präsozialen naturhaft gegebenen Vulnerabilität. Und so gibt es „gruppenspezifische" Vulnerabilitäten, die abhängig sind von einem bestimmten gesellschaftlichen Diskurs, der unter Umständen entscheidet, welche Vulnerabilität wahrgenommen und anerkannt wird. Wie über die Vulnerabilität von Armen gesprochen wird, so werden Arme als Arme im gesellschaftlichen Umfeld „hervorgebracht". Ob das der Realität von Vulnerabilität von armen Leben tatsächlich entspricht, steht auf einem anderen Blatt. Das kann zur Folge haben, „dass konkret erlittene und subjektiv als solche bewertete Verletzungen sozial faktisch nicht existieren bzw. als irrelevant gelten, wenn sie nicht als Verletzungen anerkannt werden. Zum anderen folgt daraus aber auch, dass die Anerkennung die Bedeutung und Struktur der Verletzbarkeit verändert." (ders., 2020, 4f.). Empathisch

Hinschauen auf die problematische Lage. Aus dem Care-Aspekt heraus für die Armen da zu sein, d.h. eine solche Unterstützung und Hilfe und gerechte Lösung zu organisieren, dass die Armen herauskommen aus der Situation, damit sie nicht immer am Rande des Abgrundes leben und eine infolgedessen nicht endende Sorge zurücklassen können. Aus dem Care-Aspekt „für" die Armen da zu sein, d.h. auch mit einer „Praxis der professionellen Nähe", wie in der „Arche", für die Armen da zu sein (vgl. zum letzten Aspekt bei: Kasten, 30.04.2020, 18–19).

Das „Für" für die die Armen wird immer nur dann ein „Für" für die Armen sein, wenn es kreativ ist, kreative Antworten auf die Armut finden kann. Die Kreativität ist vor allem dann kreativ, wenn es eine mit den Armen koproduktiv und kooperativ realisierte Kreativität ist.

Früher bemerkte ich noch (vgl. Mierzwa, 2016a, 134): Mit der Entscheidung für die „Option für die Armen" darf nicht der Eindruck entstehen, dass die Lebenssituation der Menschen, die in Armut leben, nichts mit der eigenen Lebenssituation zu tun hat. In der partizipativen Redeweise wird trotz eines für ein distanziertes Verhalten anfälliges Wort „für" das Bewusstsein wach gehalten, dass man bei der Analyse der Armutslagen die eigene Verstrickung und Verantwortung für das Entstehen von Armut und Elend bedenken sollte. Das wird z.B. mit Überlegungen zur „imperialen Lebensweise" gemacht, die darauf hinweisen, dass beide Welten nicht voneinander zu trennen sind (vgl. Brand/Wissen, 2017; I.L.A. Kollektiv, 2017; Lessenich, 2018). Armut ist nicht nur ein Problem der Anderen, sondern ein eigenes Problem.

Und schließlich ist das Wort „für" ehrlich. Damit soll der Realismus wachgehalten werden, dass aufgrund von Deprivation noch nicht jeder Arme Subjekt der eigenen Entwicklung sein kann. Auch wenn es idealerweise wünschenswert ist, die Armen als eigenständige Subjekte ihrer Befreiungspraxis zu sehen, so darf man doch menschlich be-

relevant in der Rede von Judith Butler ist mit Blick auf das Antlitz die Verletzbarkeit zu erkennen. Es ist ein Ausdruck von Empathie „auf das Gesicht zu reagieren" und damit wach zu sein für das, was das andere Leben gefährden könnte bzw. ganz allgemein dafür, was die Gefährdetheit des Lebens bedeuten kann. Empathie zuzulassen, d.h. über das Antlitz dem Anderen ausgesetzt zu sein, diesem dann sich verpflichtet zu fühlen ohne einen besonderen ethischen/moralischen Willensakt (vgl ders., 2020, 7).

trachtet, die richtige Mischung zwischen Selbsthilfe und Fremdhilfe, wie sie im Empowerment-Ansatz formuliert wird, nicht aus den Augen verlieren. Zeitdruck und eine Situation der extremen Verletzbarkeit von Personen kann dazu führen, dass advokatorisches Handeln (vgl. Brumlik) die praktisch sinnvollere und damit sittlich wertvollere Handlungsstrategie darstellt, um die Interessen und Bedürfnisansprüche der Armen zu wahren (vgl. Mierzwa, 2016a, 134f.).

3.4. Arme

Eine empathische Sicht während der Corona-Krise auf den Armen verweigert sich der gefühllosen und verständnislosen Spaltung der Gruppe der Armen in „ehrliche Arme" und „arme Deliquenten", wie Kleindealer oder Prostituierte, weil gesehen wird, dass jene meist kaum eine andere Wahl haben, als auf diese Weise Geld zu verdienen (vgl. Souza, Mai 2020, 83). Der empathische Blick auf die Armen, hier jetzt die Prostituierten, macht es möglich, ihr Leid und ihre (psychischen und physischen) Qualen, ihre seelische Beschädigung wahrzunehmen (vgl. Terre des Femmes in: Mierzwa, 2020a, 71f.) als Voraussetzung, um sich mit ihnen zu solidarisieren und nach konstruktiven Auswegen aus ihrer Situation zu suchen und sich um die Wiederherstellung ihrer psychischen Integrität zu bemühen. Diese speziellen Armen blieben, als von Armen unter der „Vorrangigen Option für die Armen" in den christlichen Kirchen diskutiert wurde (vgl. Mierzwa, 2016a) außen vor – es waren gewissermaßen „Unberührbare".

An anderer Stelle (vgl. Mierzwa, 2020b) wurde darauf hingewiesen, dass die Corona-Krise eine „Krise der Frauen" ist. Mit Blick auf die Armen stellt sich das auch in besonderer Weise da. So waren nicht nur Mädchen besonders dadurch betroffen, dass Bildung nicht mehr oder weniger möglich war beziehungsweise Schwangere in Afrika unterversorgt waren. Auf der anderen Seite waren Frauen, wie in Brasilien, besonders engagiert, um Hunger zu lindern. Sie erwiesen sich als besonders kompetent Hilfe in der Notzeit zu organisieren (vgl. Franzen/Stedile, 16.04.2020), wenn staatliche Stellen versagten. Die Notwendigkeit eines genderspezifische Blickes auf die Armen zeigte sich hier. Als die Sozialwörter weltweit in den 90er Jahren des letzten Jahrhunderts die „vorrangige Option für die Armen" bedachten, war die genderspezifische Perspektive auf arme Frauen noch nicht vorhanden (vgl. Mierzwa, 2016a.).

OXFAM (09.04.2020, 6):
The impact of Coronavirus on gender inequalities
"The pandemic also threatens to increase gender inequalities. Although the virus appears to be killing men at a higher rate than woman, woman will suffer more in other ways. Some 70% of the world's health workers – the most exposed to the virus – are woman. Woman workers are most likely to have precarious jobs without labour protections. In the poorest countries, 92% of woman workers are employed informally (siehe unter Indien R.M.). Woman also provide 75% of unpaid care, a burden that is expanding exponentially in the face of stay-at-home orders. The problem will also be compounded if this pandemic were to be followed by austerity, as with the 2008 financial crisis. Cutting down on child and elderly care and public health systems traps woman at home, a home that is not always safe: girls who are forced to stay home from school are at increased risk of sexual violence and early pregnancy. Reports are already showing that domestic violence has doubled in provinces in China where restrictions have been imposed – and this pattern is being repeated all over the world".

Vor der Corona-Krise gab es den Hinweis, dass es "durch Unterernährung, Umweltverschmutzung, mangelhafte vor- und nachgeburtliche Betreuung von Müttern, mangelnde Impfungen, Infektionskrankheiten und Wasserverschmutzung" (Felder/Schneiders, 2016, 72) verstärkt zu Behinderungen kommt. Mit der zunehmenden Armut unter der Corona-Krise ist anzunehmen, dass sich die Situation diesbezüglich verschärfen wird und wir es nun mit mehr behinderten Menschen weltweit zu tun haben werden. Überhaupt haben Menschen mit Behinderungen ein größeres Armutsrisiko (vgl. Mogge-Grotjahn, 2016, 144). In Deutschland gibt es Menschen, bei denen Ungleichheitsrisiken, Diskriminierungen und Exklusionsmechanismen wechselseitig verschränkt/verwoben sind – etwa bei einer „Frau türkischer Herkunft mit Behinderung" (vgl. dies., 146). Die Situation behinderter Menschen unter den Armen berücksichtigten die Sozialwörter Mitte der 1990er überhaupt nicht.

Dann sind die Armen nun seit der Corona-Krise viel mehr in den Augen der Menschen „beseelte“ Arme als sie es zuvor waren. Wenn die Einsamkeitserfahrung Armut stärker in den Blick rückt und seelische Schäden infolge von Isolation nun bewusster ins Blickfeld geraten, dann ist das mit Blick auf die Würde der Armen von großer Bedeutung. Überhaupt wird die Krise der Würde der Armen deutlicher angesprochen, wenn mit Blick auf Indien oder Brasilien ein „Zynismus“ und eine „Gleichgültigkeit“ herrschender Politiker gegenüber „dem“ Sterben der Armen angesprochen wird. In dem Reden über die Lebenslage von Armut ist nun in der Berichterstattung mehr Mitgefühl vorhanden und damit zeichnet sich ein größeres Bewusstsein für das „seelische“ Verarbeiten von Armut durch die Armen ab. Die Bilder der Armen bei der Berichterstattung geben der Armut ein Antlitz. Wie das seelische Erleben der Armut die Gesichter zeichnet macht die Armut für uns darüber physisch spürbar – nun sind die Armen eher zu lieben, erhält Nächstenliebe einen starken Impuls, wird die Gerechtigkeitsfrage drängender.

In der Dokumentation der Diskussionsphase und gemeinsame Feststellung zur Ökumenischen Sozialinitiative der Deutschen Bischofskonferenz und der EKD, aus dem Jahr 2015, werden diese konkreten Aspekte und Perspektiven auf und zu den „Armen“ ebenfalls nicht angesprochen (vgl. Gemeinsame Texte 23/17.12.2015, 134–136).

4. Solidarität mit den Armen[15]

Solidarität kann zunächst einmal das Eintreten für den Notleidenden bedeuten. Man tritt deswegen für den Notleidenden ein, weil man das Leid unter der Armut, den Schmerz unter der Armut oder die Demütigung als Armer mit-leidend miterlebt.

Solidarität dann auch aus der wechselseitigen-aufeinander-Bezogenheit. Solidarität weil der andere Mensch ein Mit-Mensch ist. Solidarität, weil das eigene Sein nicht völlig unbeeindruckt von anderem Sein ist. Weil ich „mit" dem Anderen existiere, fühle ich mich zur Solidarität ermuntert.

Solidarität dann aber auch aus einem gesamtgesellschaftlichen Zusammenhalt heraus. Die Gesellschaft wäre ohne den Anderen nicht – dessen ist man sich bewusst; deswegen nun die Solidarität. Was mit mir ist, ist abhängig von den Relationen zu Nächsten und Anderen – dem versucht die Solidarität gerecht zu werden.

Solidarität aber auch aus einer Achtung der Menschenwürde und der Menschenrechte, weil man wahrnimmt, dass die Menschenwürde unter der Armut leidet und dies eine angemessene Antwort verlangt.

Solidarität erschöpft sich nicht in der bloßen Hilfe für die Armen. Sondern aus Solidarität heraus überdenkt man das gesamte System, inwieweit es Armut verursacht und inwieweit es verwandelt werden muss beziehungsweise ein gesellschaftlicher Transformationsprozess eingeleitet werden muss, damit Armut verhindert werden kann. Aus dieser Perspektive wird geschaut, inwieweit das gesamte System zur „strukturellen Gewalt" gegenüber den Armen beiträgt und „Möglichkeiten des guten Lebens" systematisch verhindert.

---

15 Für die Ausführungen zur Solidarität vergleiche bei Mierzwa, 2017; Mierzwa, 2019; Mierzwa, 2020a; Mierzwa, 2020c. Zu Solidaritätsüberlegungen in der Corona-Krise, die nicht durch die „Vorrangige Option für die Armen" fundiert sind vgl. Nothelle-Wildfeuer/Schmitt (Mai 2020) und Elmar Nass (Mai 2020, 20).

Mit dem Solidaritätsgedanken findet man zu einem gemeinsamen Handeln. So wie die Zivilgesellschaft im Interesse einer besseren Lebenslage der Armen handelt, ist diese von einer Solidarität geprägt. Insofern im Handeln der Zivilgesellschaft eine feste und beständige Entschlossenheit für eine bessere Situation der Armen zu erkennen ist, geht von ihr mehr als nur eine vage Mitleidshaltung aus. Aber das solidarische Engagement der Zivilgesellschaft darf keine Steilvorlage für den Staat resp. die Staaten sein, sich aus einer öffentlich garantierten Daseinsvorsorge zu verabschieden. Thomas Gebauer und Ilija Trojanow halten fest: „Ohne die Arbeit von NGOs sähe es um den Zustand der Welt sehr viel schlechter aus. Millionen von notleidenden Menschen blieben unterversorgt. Mit ihrer Bereitschaft, anderen zur Seite zu stehen, verteidigen private Hilfsstrukturen die zutiefst menschliche Fähigkeit zur Solidarität. Das ist in Zeiten gesellschaftlicher Fragmentierung nicht wenig und impliziert zudem eine Kritik an Verhältnissen, die von Kälte und Egoismus geprägt sind“ (2018, 163). Das zivilgesellschaftliche Engagement ist allerdings immer systemkritisch einzuordnen, es darf dadurch nicht eine „Privatisierung des Staates“ erfolgen; denn die zivilgesellschaftlichen Akteure „können nie für eine allgemeine soziale Sicherung sorgen“ (dies., 2018, 164). Das Engagement der Zivilgesellschaft darf nicht dazu führen, dass schleichend der menschenrechtlich und oft auch in Verfassungen verbriefte Anspruch auf Existenzsicherung verloren geht. Und das Engagement der Zivilgesellschaft darf nicht davon gelähmt werden oder auch nicht dahingehend amputiert werden – im Interesse des öffentlichen Profils und der Sicherstellung von Spendenströmen -, dass Themen hinten runter fallen gelassen werden bzw. nicht öffentlich angesprochen werden, weil man negative Folgen für die eigene Arbeit befürchten muss. Ein Teil der Zivilgesellschaft muss sich hier eingestehen, dass „ihre Solidarität“ sich „feudaler Gönnerhaftigkeit“ (dies., 165) verdankt. Und ein Teil der Zivilgesellschaft wird sich eingestehen müssen, dass „ihre Solidarität“ Kompensation mangelnder Demokratie betreibt. NGOs werden sich bei ihrem solidarischen Handeln ihrer Eigenständigkeit und ihrer „zivilgesellschaftlichen Basis“ vergewissern müssen. Und sie müssen die Verankerung an der Basis immer wieder gestalten. NGOs müssen aufpassen, dass sie nicht zu Akteuren eines erweiterten Staates werden und als solche in Dienst genommen werden. Wenn NGOs nur noch dazu herhalten müssen, im ministeriellen Auftrag für ein Abfedern der Kollateralschäden des neoliberalen Marktradikalismus da zu sein, aber dann nicht ernst genommen oder bekämpft werden, wenn sie systemische Kritik üben und für sozialen Wandel eintreten (vgl. attac), dann sind sie nicht mehr radikal solidarisch. Wenn NGOs nur unpolitischen Pragmatismus verfolgen und eine gewisse Neutralität einnehmen, dann besteht leicht die Gefahr, dass sie kooptiert werden. Damit werden die Kräfteverhältnisse zugunsten des Staates verschoben, der die NGOs gerne als „Helfer" willkommen heißt, aber politische Intervention sich verbietet.

Solidarität ist zu ergänzen durch das Subsidiaritätsprinzip. Dort, wo Eigeninitiative und eigenverantwortliches Handeln möglich ist, soll dafür der Handlungsspielraum eröffnet und geschützt werden. Es sollen Maßnahmen ergriffen werden, damit Einzelne zu Kräften kommen, um etwas eigenständig bewerkstelligen zu können.

Dann macht das Subsidiaritätsprinzip deutlich, dass es im gesamtgesellschaftlichen Gefüge verschiedene Zuständigkeiten und Kompetenzen bezüglich dessen gibt, was für die Armen getan werden kann. Man darf diese einzelnen Teilelemente der Gesamtstruktur bzw. Teilverantwortungsbereiche nicht funktionsuntüchtig machen.

Es gibt Probleme, die lokal bearbeitet werden können (vgl. hier die Arbeitsweise der Ökodörfer), dann sind aber auch Herausforderungen wesentlich auf nationaler Ebene lösbar (z.B. das Gesundheitswesen), letztlich sind für manche Herausforderungen internationale Anstrengungen notwendig (z.B. Klimawandel): Weit verflochtene Zusammenhänge, wie sie an Covid-19 deutlich wurden, werden u.a. nur mit internationalen Akteuren, wie der WHO, zu lösen sein.

Der Subsidiaritätsgrundsatz beschränkt Einmischungen und Eingriffe übergeordneter Strukturen und Institutionen. Der Subsidiaritätsgrundsatz definiert Freiheiten und Räume eigenverantwortlichen Handelns. Aber mit dem Subsidiaritätsgrundsatz werden auch Strukturen und Netzwerke gebildet, damit man wechselseitig bessere Lösungen findet, ein Risikoausgleich effizienter möglich ist oder auch gesellschaftspolitische Gestaltungsmacht aufgebaut werden kann.

Mit dem Empowerment-Ansatz kommt man nun zu Bemühungen, die die Menschen in die Lage versetzen, eigenverantwortlich Probleme zu identifizieren und abzuarbeiten, um die Lebensbedingungen so zu gestalten, damit man aus der Armutslage herauskommt. Wenn hierbei subsidiäre Hilfestellung nötig ist, damit Eigenständigkeit und Eigeninitiative geweckt und erhalten werden, dann gehört das dazu. „Hilfe zur Selbsthilfe behandelt den Menschen nicht als bloßes Objekt, sondern als Subjekt, das geachtet wird, sich selbst seiner Fähigkeiten bewusst ist und sich entsprechend aktiv an der Lösung eines Problems beteiligen kann. Die Würde des Menschen kommt dabei im Glauben an die Leistungsfähigkeit der Partner zur Geltung und bestimmt ebenso das Selbstbild des armen Landes bzw. des Individuums“ (Ndayambaje, 2019, 213f.):

Bei der subsidiären Unterstützung ist immer eine aktive Mitbestimmung und Mitgestaltung sicherzustellen. Dies beginnt bereits mit der Entscheidungsfindung und nicht erst mit der Durchführung. „Hilfe zur Selbsthilfe, die subsidiär ist, ermöglicht den Menschen vor Ort, sich Projekte anzueignen (Ownership) und sich mit ihnen zu identifizieren“ (ders., 215).

Empowermentaktivitäten müssen einen Realismus dahingehend haben, dass die angesprochenen Menschen nicht nur Stärken, sondern auch Schwächen haben; es gibt neben kooperativen Menschen auch egozentrische Menschen und manche neigen zu Machtmissbrauch und Korruption.

Am Erhalt der ökologischen Lebensgrundlagen zu arbeiten stellt ein unverzichtbares Element der Armutsbekämpfung dar, wenn Umweltzerstörungen zugleich Ursache, Folge und Begleiterscheinung der Armut sind (vgl. K. Hartmann, 2015).

Solidarität ist manchmal eine Leistung der Übergebühr. Das aber nicht aus dem Nichts heraus. Die Solidarität für die Armen entscheidet sich aus einer durch Empathie getragenen Mit-Leidhaltung, einem Mit-Leiden mit dem Armen, dann aber auch aus einem Mitgefühl für die Armen. Das alles kommt zusammen, wenn nachhaltig solidarisch gehandelt wird.

Solidarität ist aber auch eine Verpflichtung aus verletzten Menschenrechten. Sie ist eine Notwendigkeit wenn mit der Armut die Menschenrechte mit den Füßen getreten werden. Aus der Anerkennung der Menschenrechte leitet sich die Notwendigkeit zur Solidarität ab, werden soziale und institutionelle Initiativen notwendig, um die Verletzung der Menschenrechte rückgängig zu machen.

Solidarität ist mehr als das Finden von „nur“ gerechten Lösungen. Solidarität ist getragen aus einer Sorgehaltung für die Armen. In der Solidarität ist eine Care-Orientierung enthalten. Deswegen ist dem solidarischen Handeln ein gewisses „altruistisches“ Moment zu eigen. Solidarität drückt sich darin aus, dass man „teilt“, dass man Andere nicht vernachlässigt, dass man „dient“, dass man „gastfreundlich“ ist, dass man „Beistand leistet“, dass man die „Lebensressourcen der Gemeinschaft auffüllt und bereichert“, dass man „hilft“, dass man „in der Not zusammenhält“, dass man die „Gemeinschaftlichkeit nicht verweigert“.

Die Armen können die Solidarität einfordern. Als Mitglieder der Menschen-Gemeinschaft haben sie das Recht uns zur Solidarität aufzufordern. Sie dürfen uns ermahnen, dass wir uns solidarischen Lösungen nicht verschließen dürfen. Objektive Notlagen der Armut zwingen uns die Suche nach solidarischen Lösungen auf; dies ist nicht im Raum unserer freien Entscheidung; es besteht, wenn man es so sagen darf, wenn Armut zu Leid und Menschenrechtsverletzungen führt ein Zwang für uns, solidarische Lösungen zu finden. Mit Covid-19 ist eine so starke Verschlechterung der Situation der Armen eingetreten, dass wir genötigt sind, solidarische Lösungen für die Armen zu finden. Und man sollte nicht leichtfertig sagen, dass wir überfordert sind bei der Herausforderung zu solidarischen Lösungen.

Allerdings ist diese Ansprechbarkeit für solidarisches Handeln beziehungsweise für eine verantwortungsvolle solidarische Lösung abhängig von den Fähigkeiten eines Menschen, von seinen Kapazitäten, von seinem Überfluss, von seinen Ressourcen, von seiner Macht, von seiner Kreativität, von seiner Zeit, kurz von seinem Vermögen. Jeder und jede muss sich fragen, ober er/sie im Rahmen seiner/ihrer Möglichkeiten etwas tun kann oder ob er/sie ein unzulässiges Unterlassungsverhalten an den Tag legt. Und es wäre zu kurz gedacht, wenn man nur deswegen solidarisch ist, weil man moralische, soziale oder rechtliche Sanktionen befürchten müsste.

Aber auch jedes Gemeinwesen und jede Gesellschaft muss sich fragen, wie weit das soziale Zusammenleben, die Kultur, die soziale Gerechtigkeit im eigenen Land, in dem eigenen Staat gefährdet sein würde, wenn man sich überstark in der Armutsbekämpfung engagagieren würde. Aber man sollte aber auch nicht zu leichtfertig die Überforderung einer Gesellschaft argumentativ ins Spiel bringen, wenn man sieht auf welch hohem Niveau wir eine Konsum- und Wohlstandsgesellschaft sind. Und manchmal wird, wenn die Überforderung des Sozial- und Bildungssystems zum Beispiel durch Flüchtlinge vertreten wird, viel zu stark übersehen, welche Bereicherungen und Chancen durch diese Mitmenschen bestehen bzw. wie sie zur Abfederung der demographischen Probleme unserer Gesellschaft beitragen (vgl. Ndayambaje, 2019, 233).

Entwicklungshilfe könnte, wenn sie konzeptionell neu ausgerichtet wäre, eine wertvolle solidarische Handlung zur Bekämpfung der Armut sein. Aber es wäre schon viel mehr gewonnen, wenn die Zins- und Schuldenlast der Entwicklungsländer verringert werden würde und wir die Monopolgewinne einschränken würden, die wir aus „unserem (?!)" „geistigen Eigentum (?!)" an Saatgut und Medikamenten ziehen. Es könnten auch die Ausbildungskosten für Fachkräfte erstattet werden, die „wir" aus den armen Ländern abwerben. „Wir können die Anreize dafür verringern, Korruptionsgelder aus den armen Ländern in unsere Bankensysteme einfließen zu lassen. Wir können aufhören, Militärjunta und Tyrannen dafür zu bezahlen, dass sie ‚ihr' Land verschulden und uns seine natürlichen Ressourcen verkaufen. Wir können bei Verhandlungen über internationale Handels- und Finanzregeln weniger stark auf unseren eigenen Interessen beharren und daran mitwirken, die globale institutionelle Ordnung so zu reformieren, dass demokratische Regierungen", eine solidarische Ökonomie, Bildung und eine bezahlbare Grundversorgung in den armen Ländern gefördert werden (vgl. Pogge in: Ndayambaje, 2019, 231).

4.1. National

4.1.1. Bedingungsloses Grundeinkommen (BGE)

Adrienne Goehler sagt: „Wir müssen Corona und Klimawandel und die Angst der Menschen, ins Nichts zu stürzen, zusammendenken. Um zu der wichtigen ökologischen Transformation beitragen zu können, müssen wir die Möglichkeit kriegen, ein Leben führen zu können, das nachhaltig und entschleunigt ist. Und das geht am besten mit einem

Grundeinkommen“ (25.04.2020; zum Hintergrund dieser These vergleiche Hannes Koch über das neu erschiene Buch von Adrienne Goehler in: taz 23./24.05.2020, 15). Mit diesem Gedanken bietet sie einen wichtigen Baustein für den Green New Deal, den ich am Ende des Buches vorstellen werde und wo das BGE von Naomi Klein noch nicht systematisch mitgedacht gewesen war.

Aber wir müssen auch einen anderen Zusammenhang sehen. Angesichts der steigenden Zahl der Armen brauchen wir Empathie für die Armen. Ein Experiment der Zivilgesellschaft (vgl. Bohmeyer/Cornelsen, 2019, 259f.) entdeckte, dass mit der Ermöglichung eines BGE sich Empathie in der Gesellschaft entfalten kann. Und wenn das BGE Baustein einer empathischen Zivilisation ist, dann legt es die Grundlage für solidarische Lösungen für und mit den Armen.

Das BGE wäre auch eine echte Alternative zum „Dschungel der Leistungen“, würde die Menschen davon befreien in die Rolle des Bittstellers zu geraten und „prekäre Verhältnisse“ aufheben (siehe dazu Hinweise bei dem Interview mit Katharina Lorenz, die nicht das BGE anspricht 30.05./31.05./01.06.2020, 47).

Schließlich schafft das BGE Freiräume für anderes Arbeiten, für ehrenamtliches Engagement zugunsten der Schwachen und Benachteiligten. Man muss Arbeiten nicht immer nur in die Kultur einer Leistungsgesellschaft einfädeln (vgl. Bernau, 13.04.2020) und dadurch das BGE ablehnen. Ohnehin ist das „Paradigma der Leistungsgesellschaft“ eine Ideologie der Elite (vgl. K. Hartmann, 2012, 173ff.; M. Hartmann, 2018, 180), um Fragen der sozialen Gerechtigkeit aus dem Weg gehen zu können, infolgedessen hierbei auch kein Spielraum für das BGE gesehen wird.

Wenn man den Hartz-IV-Staat als „Solidarischen Sozialstaat“ betrachtet, wie Bundeskanzlerin Angela Merkel und infolgedessen das BGE als Widerspruch dazu betrachtet (vgl. bei: Eichhorn, 29.04.2020), dann kommt man angesichts der tatsächlichen Realität der Hartz-IV-Armut, die so gar nicht Solidarität spüren lässt (vgl. Mierzwa, 2018), nicht dazu die innovativen Potentiale eines BGE für die Transformation der Gesellschaft zu sehen, auch im Sinne von mehr mitfühlenden und gerechten Lösungen für Arme, arme Behinderte, arme Frauen und arme Kinder (vgl. Mierzwa, 2018).

Das BGE ist nur sinnvoll „in Verbindung mit einer allen kostenfrei zugänglichen öffentlichen Daseinsvorsorge“ (Gebauer/Trojanow, 2018, 240). Denn dann wäre prinzipiell die Chance gegeben, dass sich die Menschen auch persönliche Bedürfnisse erfüllen könnten, die über eine Grundversorgung hinausgehen und zur Entfaltung der Persönlichkeit beitragen. Das bedeutet natürlich „eine gerechte Besteuerung von Einkommen, Vermögen und Gewinnen“ um die öffentlichen Aufgaben resp. das soziale Gemeinwesen zu finanzieren (vgl. Gebauer/Trojanow, 2018, 241).

Es soll noch abschließend auf die „heilende“ Wirkung hingewiesen werden, die bei Menschen zu beobachten ist, die im Rahmen der Initiative „Mein Grundeinkommen“ (Michael Bohmeyer) für ein Jahr ein Grundeinkommen ausgezahlt bekamen. In der Zeit veränderten sich die Menschen und es kam zu Tatendrang; die Menschen fragten sich welchen Beitrag sie in der Gesellschaft leisten möchten und es entstand ein Gemeinschaftsgefühl. Auch die Selbstfürsorge nahm zu – damit trägt das Projekt Hoffnungsblüten für durch den Neoliberalismus verwüstete Gesellschaften (vgl. Kumira, 2019, 168f.).

4.1.2. Bahnhofsmissionsarbeit (vgl. gleis eins/Corona Sonderausgabe, April 2020)

Da viele Versorgungsstrukturen für Obdachlose schlossen beziehungsweise ihr Angebot reduzierten verschafften sich Bahnhofsmissionen einen Überblick, um die verunsicherten Menschen ohne Obdach oder aus dem Milieu informieren zu können (vgl. Hamburg, S. 7).

Da die Möglichkeiten zum Duschen, zum Händewaschen und zum Aufenthalt im Warmen reduziert waren, waren einige Bahnhofsmissionen oder die Infrastruktur im Umfeld die letzte Anlaufstelle (vgl. Magdeburg, S. 6; Berlin Zoologischer Garten, S. 10).

In großem Umfang wurden belegte Brote, Obst, Wasser, manchmal eine Süßigkeit und Lunchpakete ausgegeben (Berlin Zoologischer Garten, S. 10; München, S. 8; Berlin Ostbahnhof, S. 9).

Einige Bahnhofsmissionen gaben wettergerechte Kleidung, Rucksäcke, Schlafsäcke, Isomatten und Schuhwerk aus, weil die Nächte immer noch kalt waren und die Unterkünfte weniger zahlreich (vgl. Frankfurt am Main, S. 5; Magdeburg, S. 6).

Auch noch etwas war wichtig, was die Bahnhofsmissionen leisteten. Da die Obdachlosen und anderen Bedürftigen unruhiger wurden, weil gewohnte Wege verschlossen waren, oder gar der Ton rauer wurde, weil die Möglichkeit zur Eigenversorgung deutlich reduziert war, versuchten die Bahnhofsmissionsmitarbeiter*innen Stabilität zu geben, Ruhe auszustrahlen und die Laune hochzuhalten. In Freiburg wird auch deswegen festgestellt, dass manchen Betroffenen/Gästen die menschliche Wärme, die sie erfahren, wichtiger ist als die Verpflegung (vgl. Frankfurt am Main, S. 5; Freiburg, S. 11).

Mit den Angeboten kooperierten die Bahnhofsmissionen mit Tafeln oder mit der Gastronomie. Über soziale Medien konnte eine große Hilfsbereitschaft und Zusammenhalt mobilisiert werden (vgl. Magdeburg, S. 6; Freiburg, S. 11).

Die Bahnhofsmissionen wurden wegen diesem Angebot von Ordnungsämtern als systemrelevant gekennzeichnet (vgl. Freiburg, S. 12). Hier zeigt sich, dass das BGE so wichtig ist, damit Menschen den Freiraum und die Chance haben, diese Arbeit auszufüllen.

4.1.3. Bildung

Mitte Mai 2020 einigten sich Bund und Länder darauf, „dass die Schulen nun in großem Stil Klassensätze an Laptops, Tablets und Computern anschaffen sollen, um künftig allen SchülerInnen digitales Lernen zu ermöglichen. Die 500 Millionen Euro Soforthilfe für digitale Bildung (…) sollen (…) vollständig in Geräte gehen. (…) Diese sollen Eigentum der Schulen bleiben und an bedürftige SchülerInnen leihweise ausgegeben werden“ (Lehmann, 16./17.05.2020, 7). Damit scheinen die politisch Verantwortlichen offenbar die Herausforderung Bildung für Arme begriffen zu haben – aber nur scheinbar. Tatsächlich ist das digitale Lernen dem Lernen mit Büchern unterlegen. Das macht die Stavanger-Erklärung deutlich, wo mehr als 130 Forscher – Psychologen, Neurobiologen und Geisteswissenschaftler aus ganz Europa – mitwirkten. Diese zeigten vor allem drei Dinge auf: Erstens: „Wer am Bildschirm liest, versteht weniger und erinnert sich schlechter“ (Teupke,

2019, 39). Das Verständnis langer Informationstexte ist beim Lesen auf Papier besser als beim Bildschirmlesen (vgl. ders., 40). Zweitens: Man kann nicht hoffen, dass „digital natives“ es schon noch lernen würden, am Bildschirm genauso tief und konzentriert in Texte einzutauchen wie ihre älteren Geschwister oder Eltern in Bücher (vgl. ders., 40). Drittens: Da Denken, Lernen und Verstehen immer auch auf sinnlichen Erfahrungen basiert – also ein Buch anfassen, die Unebenheit des Papiers fühlen, sich bei umgeblätterten Seiten räumlich zu orientieren – ist es notwendig, dass Bücher benutzt werden, um geistige Verarbeitungsprozesse zu intensivieren. Die Unterzeichner der Stavanger-Erklärung sind nicht völlig gegen die digitale Bildung, aber sie plädieren für einen bedachtsamen, dem Entwicklungsstand angepassten Umgang mit digitalen Medien. Das Erlernen einer Lesefähigkeit ist komplex und gar nicht so einfach – Defizite lassen sich später kaum noch aufholen (vgl. Teupke, 2019, 41). Deswegen wäre es im Sinne einer „Vorrangigen Option für die Armen“, wenn mehr „Lesepaten*innen“ für die Schulen gewonnen werden könnten, damit leseungewohnte Kinder zum Lesen hingeführt werden. Und bei Erwachsenen müsste über Literaturcafés für Arme und Benachteiligte darum gerungen werden, dass sie das Lesen nicht verlernen bzw. neu für sich entdecken. Es ist zu kurz gesprungen, wenn Kommunen kostenlos Computerarbeitsplätze in öffentlichen Bibliotheken anbieten, aber die „vhs“ für ein Literaturcafé 7 Euro Eintritt nimmt. Das ist nicht im Sinne der Bedürftigen. Gut ist es, wenn eine Einrichtung wie die Flensburger Tafel eine gut sortierte Bücherecke hat, die gern in Anspruch genommen wird. Es ist ja bekannt, dass bei der „Kultur der Unterschichten“ „Literalität“ eine geringe Rolle spielt – d.h. es wird weniger bis gar nicht gelesen, sondern geguckt (vgl. Gäbler, 23.03.2020, 17).

Wie soll man diese Diskrepanz bei den Bildungsanstrengungen bewerten? Diese ist wohl nur dadurch zu erklären, dass nun Armut in digitalen Bildungsdefiziten begründet gesehen wird. Aber gleichzeitig bleibt der „Unterschicht“ das sozial ausgrenzende und stigmatisierende Etikett der „Bildungsferne“ angeheftet, was daran deutlich wird, dass nicht an ihrer „Literalität“ gearbeitet wird. Und so bleibt Armut „bildungsfernen Schichten“ anhaftend, weil Bildungschancen bleibend eng auch damit zusammenhängend sind, welchen sozialen Klassen man angehört (siehe auch K. Hartmann, 2012, 155–185) – manchen sozialen Klassen werden „mehr“ Bildungsmöglichkeiten sowie Arbeits- und Berufsperspektiven eingeräumt. Andere „Klassen“ dürfen nicht einmal „kompetente“ Bürger gegenüber den Behörden werden.

Aber Bildung muss auch nicht immer die entscheidende Lösung sein, um Armut zu verlassen. Denn bei vielen Armen stellt sich heraus, dass Bildung nicht die Ursache für ihre prekäre Einkommenssituation darstellt (vgl. Butterwegge, 2020, 232). Man muss die relative Rolle von Bildung beim sozialen Aufstieg sehen, wenn es mehr Taxifahrer mit Hochschulabschluss und Putzhilfen mit Abitur gibt. Berichte zu Obdachlosen unter der Corona-Krise zeigen, dass unter ihnen zum Teil hoch gebildete Menschen sein können (vgl. Jeska, Pfingsten 2020).

Dass zuerst für die „systemrelevanten“ Schüler*innen, nämlich die Abiturienten*innen, eine Lösung im Lockdown gesucht und gefunden wurde, zeigte, dass unser Bildungssystem das Bildungssystem einer Klassengesellschaft ist. Die Lösungen, die bisher für Schüler*innen unter der Corona-Krise gefunden wurden, zeigen, dass soziale Selektion über das Bildungssystem weiterhin gewollt ist. So hatte Nachwuchs aus Familien mit Migrationshintergrund unter der Corona-Krise erheblich mit strukturellen Barrieren zu kämpfen (vgl. Otto/Füller/Reiter, 20.05.2020, 31)[16].

Bildung im Kontext von Armut kann nicht heißen, im Horizont der neoliberalen Ideologie, eigenständig an der Selbstoptimierung des eigenen Humankapitals zu arbeiten, sondern es wird mit einer breiten Bildungsoffensive beim chronisch unterfinanzierten Bildungsbereich eine breite Chancengerechtigkeit und Chancengleichheit zu verfolgen sein. Bildungspolitik wird so konfiguriert sein müssen, so dass nicht materieller Reichtum, das Ansehen und der Status in der sozialen Schicht darüber entscheiden, ob jemand eine gute Bildungsbiografie durchläuft (vgl. Butterwegge, 2020, 236). Die staatliche Austeritätspolitik, durch die das öffentliche Bildungswesen in einen katastrophalen

16 Mit dem Konzept „Lernsommer.SH“ plant allerdings Schleswig-Holstein Lernrückstände bedürftiger Schüler abzubauen. „Das Hauptaugenmerk liegt darauf, die Kenntnisse in Deutsch, Englisch und Mathematik zu stärken. Zugleich soll es um überfachliche Kompetenzen gehen. Hinzu kommen Bausteine aus der kulturellen Bildung, dem Sport, aus Naturwissenschaften oder Demokratieerziehung“ (Jung, 05.06.2020, 5). Auch auf die psychische Situation der jungen Menschen soll hierbei eingegangen werden. Das Angebot setzt auf Freiwilligkeit, auch wenn nachhaltig darüber informiert wird.

Zustand geraten ist, ist rückgängig zu machen (vgl. ders., 237) – da muss mehr kommen als die 500 Millionen Euro Soforthilfe für digitale Bildung. Das ist aber ohne materielle Umverteilung kaum machbar, „weil Letztere die unabdingbare Voraussetzung für eine bessere Sach- und Personalausstattung der öffentlichen Schulen darstellt" (Butterwegge, 2020, 238). Und die Bildungspolitik darf nicht vordringlich zur Stärkung des Neoliberalismus dienen, sondern müsste Ausdruck kollektiver Solidarität mit den Armen sein. Es muss Inklusion „von jedem" in der Gesellschaft verfolgt werden und es dürfen daher nicht „individuelle" Aufstiegsprogramme in den Focus genommen werden (vgl. Becker, 2015/2016).

Deswegen sind weniger Privatschulen zu fördern, ist weniger die Abschaffung bzw. Einschränkung der Lernmittelfreiheit zu verfolgen; auch die Schließung von Schulbibliotheken aus Kostengründen ist kontraproduktiv (vgl. Butterwegge, 2020, 240).

Es muss viel unternommen werden, damit Bildung nicht mehr zur Ware verkommt und Bildung nicht reduziert wird auf Exzellenzinitiativen. Aber Bildungspolitik darf nicht gegen die Sozialpolitik ausgespielt werden (vgl. Butterwegge, 2020, 240f.). Und Pädagogik kann keine gerechte Steuerpolitik ersetzen. Mit Bildung allein kann man die Armut nicht bekämpfen (vgl. ders., 242).

4.1.4. Gesundheit

Ein nicht unerheblicher Teil der Risikogruppen für Covid-19 kann man unter den Armen ausmachen: Unter Obdachlosen (vgl. Lobenstein, 07.05.2020, 4), unter Flüchtlingen (vgl. Senkbeil, 24.05.2020), unter Armen ganz allgemein – die Jahre früher infolge der Armut sterben (vgl. Ulrich, 20.05.2020, 3). Es wäre daher ein guter Beitrag an der Gesundheit und Widerstandsfähigkeit der Gesellschaft resp. der Armen zu arbeiten, um nicht ständig Gefahr zu laufen, die Gesellschaft zum medizinischen Sicherheitsstaat erklären zu müssen. Das ist eine Frage der Gerechtigkeit gegenüber und der Solidarität mit den Armen (vgl. Ulrich, 20.05.2020, 3).

Die schlechte gesundheitliche Situation von Hartz-IV-Betroffenen korreliert mit einem Alltag, der geprägt ist von Diskriminierung, Ausgrenzung, Fehlen von Teilhabe, Vereinsamung, Hoffnungs- und Perspektivlosigkeit (vgl. Ossendorff in: Butterwegge, 2020, 245). Das Hartz-IV-System treibt viele Menschen in einen Teufelskreis aus Perspektivlosigkeit und Passivität, wo durch Frustrationserfahrungen, zunehmenden Resignationstendenzen und sinkendem Anspruchsniveau auch die Eigenaktivität nachlässt (vgl. Dörre in: Butterwegge, 2020, 245) – was zu psychischen Erkrankungen wie Depression führt, aber auch psychosomatischen Störungen (vgl. ders., 246; s.a. 249). Zur schlechten gesundheitlichen Verfassung von Hartz-IV—Empfängern*innen tragen aber auch schikanierendes Verhalten von Mitarbeitern*innen in den Jobcentern sowie die gesellschaftlicher Stigmatisierung als „Hartzer“ bei (vgl. ders., 248) – so manche Alkoholismusbiografie begann deswegen. „Ein geringes Selbstwertgefühl, Vereinsamung, soziale Isolation und Resignation sind die fast zwangsläufigen Folgen eines längeren und dauerhaften Bezuges von Arbeitslosengeld II. Zukunftsängste, Angstzustände und Stimmungsschwankungen beeinträchtigen das allgemeine Wohlergehen der Betroffenen, ihrer Lebenspartner/innen und ihrer Familien“ (ders., 248f.).

Richard Wilkinson und Kate Pickett machten schon vor mehreren Jahren deutlich: „In den Hochburgen der Ungleichheit waren mehr Menschen psychisch krank, drogenabhängig, suizidgefährdet als anderswo. Sie wurden längst nicht so alt wie Menschen im egalitären Skandinavien oder in Japan. Sie waren häufig sogar kleiner. Und: Sie litten viel häufiger an Übergewicht, Herz- und Atemwegserkrankungen; Risiken“, die in der Covid-19-Pandemie eine wesentliche Bedeutung erhalten (vgl. Pitzke/Sandberg/Schaap/Schindler, 30.05.2020, 89; s.a. Mierzwa, 2017, 48–52; Mierzwa, 2018, 9–10; Butterwegge, 2020, 246).

Mit der Corona-Krise könnte nun die Sonne aufgehen für eine Gesundheitspolitik für die Armen/mit den Armen, wie sie Jahre zuvor schon angeregt und angemahnt wurde. Aus dieser Diskussion daher einige Eckpunkte in Erinnerung gerufen, die noch heute perspektivisch sind. Hierbei möchte ich zwei Stimmen zu Wort kommen lassen, die 2016 Zukunftsstrategien und Gegenmaßnahmen formulierten, nämlich die von Rolf Rosenbrock und Gerhard Trabert (vgl. Huth, 19.07.2016). Sie fragten zunächst: Was braucht es für die Zukunft? Und gaben folgende Antworten (Huth referierend, Seite 2f.):

- Die strukturellen Ursachen für Armut müssen benannt, kritisiert und skandalisiert werden. Es müssen neue Inklusionsstrukturen geschaffen werden.
- Gesundheitsförderliche Gesamtpolitik (Health in All Policies): Verminderung sozial bedingter Ungleichheit ist Aufgabe sämtlicher (Sozial-)Politikfelder.
- Interventionen zur Verminderung sozial bedingter Ungleichheit von Gesundheits- und Lebenschancen sind vor allem dann erfolgreich, wenn sie sich der Entwicklung und Stärkung innerer und äußerer Ressourcen widmen.
- Empowerment: Senkung psychosozialer Belastungen und Stärkung von Ressourcen wie Selbstwertgefühl, Selbstwirksamkeit, Einbindung in soziale Netze, „dem Tun einen Sinn geben". Gesundheitsförderung in den Lebenswelten bedeutet, Menschen dazu zu befähigen, selbst zu erkennen, dass sie für sich und ihre Umwelt (korrigiert etwas R.M.) tun können, um reale Verbesserungen zu erzielen (Veränderung von Wahrnehmung, Verhalten und Strukturen).
- Einführung des Begriffs der „Gleichwürdigkeit" in die deutsche Sprache (nach Jesper Juul, dänischer Familientherapeut). „Gleichwürdigkeit" ist nicht zu verwechseln mit Gleichheit. Gleichwürdigkeit sollte als neuer Maßstab für zwischenmenschliche Beziehungen geschaffen werden. Menschen müssen sich auf Augenhöhe begegnen: Entwicklung von Subjekt-Subjekt-Beziehungen statt Subjekt-Objekt-Beziehungen.

Und dann formulierten sie folgendes Maßnahmenbündel (Huth referierend, Seite 3):

- Einführung einer solidarischen Bürgerversicherung (für alle)[17].
- Bundesweite Einführung der elektronischen Gesundheitskarte für Geflüchtete und Asylsuchende.

---

17 Das Modell der solidarischen Bürgerversicherung steht scheinbar in Konkurrenz zu einer Befürwortung eines bedingungslosen Grundeinkommen (vgl. Butterwegge, 2020, 397–401). Aber die Ausführungen von Mierzwa (2018, 57–91) zeigen, dass viel von dem, was Butterwegge über die solidarische Bürgerversicherung zu lösen versucht, auch mit einem entsprechend konfigurierten bedingungslosen Grundeinkommen umsetzbar ist. Es bleibt bei meinem Modell auch eine Restfunktion von „Versicherung" – siehe die Ausführungen zu behindertem Leben – und es erfolgte eine breite Berücksichtigung anderer Einkunftsarten. Und mein

- Konsequenter Ausbau langfristiger, bundesweiter Programme zur Gesundheitsförderung (Lebenswelt-/Setting-Ansatz): Ziel des im Jahr 2015 verabschiedeten Präventionsgesetzes ist es, sozial bedingte und geschlechtsbezogene Ungleichheit von Gesundheitschancen zu vermindern. Die finanziellen Mittel der gesetzlichen Krankenkassen für verhältnispräventive Maßnahmen wurden relevant erhöht. Diese Chance muss genutzt werden. Insbesondere muss der Lebenswelt-Ansatz flächendeckend ausgebaut und gestärkt werden in Kitas, Schulen, Betrieben, Kiez/Quartier.
- Niederschwellig angelegte medizinische Sprechstunden „vor Ort" wie das „Mainzer Modell" und die „Ambulanz ohne Grenzen" (…). Angebote von Sprechstunden in sozial benachteiligten Wohngebieten (z.B. Vorsorgeuntersuchungen, Impfangebote).
- Interdisziplinäre Versorgungskonzepte umsetzen: Zusammenarbeit und Verzahnung von sozialer Arbeit, Pädagogik, Psychologie, Gesundheitspflege und Medizin.

Schließlich formulierten sie folgendes Fazit (Huth referierend):
Chronisch kranke Menschen rutschen häufig in das Hartz IV-System und somit in Armut ab. Armut wiederum macht krank bzw. noch kränker. Die entsprechenden Zusammenhänge müssen immer wieder aufgezeigt werden und den Ursachen von Armut und Krankheit entschieden entgegen getreten werden.

Es geht nicht um die Etablierung einer Armutsmedizin. Dies muss überflüssig gemacht werden. Es geht auch nicht um mehr Projekte und Maßnahmen zur Prävention und Gesundheitsförderung. Es geht um eine gesundheitsförderliche Gesamtpolitik, die allen Menschen zugutekommt. Dies kann erreicht werden, indem die verursachenden gesellschaftsstrukturellen und sozialpolitischen Ausgrenzungsmechanismen abgeschafft werden. Alles, was politisch gewollt ist, ist auch machbar.

Modell ist auch bedarfsgerecht, armutsfest und bewahrt vor sozialer Ausgrenzung. Es ist auch repressionsfrei und bewahrt den Menschen einen großen Freiheitsspielraum zur „Tätigkeit".

4.2. International

4.2.1. Recht (Lieferkettengesetz)

Die katastrophalen Auswirkungen der Corona-Krise auf die Textilbranche in den Entwicklungsländern – Stornierung kurzerhand von Bestellungen in Milliardenhöhe und Verweigerung der Zahlung selbst für bereits produzierte Textilien und deswegen darauffolgend fristlose Entlassungen ohne Abfindung – machte deutlich, dass ein Lieferkettengesetz kommen muss, um nicht nur auf das eklatante Machtgefälle zwischen Einkäufern und Produzenten einzuwirken, sondern auch um die Menschenrechte an den Arbeitsplätzen in der Textilbranche in Bangladesch, Pakistan, Kambodscha, Indien oder Myanmar sicherzustellen, auch indem Arbeitgeber*innen die Chance gegeben wird, die Belegschaft angemessen abzusichern. Das Lieferkettengesetz müsste so ausgestaltet sein, dass auf den Aufbau staatlicher Gesundheits- und Sozialversicherungssysteme hingewirkt wird. Dass es ein solches Lieferkettengesetz nicht leicht hat zu kommen wird aus dem Gegenwind der Unternehmensverbände deutlich (vgl. Paasch/Saage-Maaß, Mai 2020).

Ein Lieferkettengesetz könnte auch eine Antwort auf „strategisches soziales“ Engagement von deutschen Unternehmen sein. Es dürfte dann nicht nur auf Kinderarbeit beim Kobaltabbau in der DR Kongo für deutsche E-Autos geachtet werden, sondern es müsste auch für Kinderarbeit im kongolesischen Kupferbergbau eine Antwort gefunden werden. Und ein Lieferkettengesetz würde umfassend verantwortungsvoll konzipiert sein, also auch Umweltrechte und soziale Standards berücksichtigen. Es müsste auch der Schutz und die Entwicklung der Kleinschürfer-Genossenschaften festgeschrieben werden, ebenso der Schutz von örtlichen Gemeinschaften und der Umwelt (vgl. Jacques Nzumbu Mwanga, 10.04.2020; s.a. AK Rohstoffe, Juli 2015).

Bei manchen Rohstoffen, wie Gold, ist ein Lieferkettengesetz irreführend, weil hier eine Umwelt- und Sozialverträglichkeit nur vorgegaukelt wird. Grundlegende Probleme bleiben bzw. sind nicht „grün“ und „fair“ zu gestalten: Abholzung der Regenwälder, Zerstörung fruchtbarer Schwemmlandflächen entlang der Flüsse, die für die indigenen Völker Platz für eine eigene Landwirtschaft sind, Verletzung angestammter Rechte der indigenen Völker und letztlich ein Beitrag zum Genozid. Es ist grundsätzlich gegen den Goldabbau zu argumentieren (vgl. Janzing, 06./07.06.2020, 31).

4.2.2. Finanzen I (Schuldenerlass)

Aus der Petition „Ein Erlassjahr zur Bekämpfung der Gesundheits- und Wirtschaftskrise durch COVID-19“ (07.05.2020) von über 100 Organisationen ist zu entnehmen: „Die COVID-19-Krise hat im Globalen Süden zu fallenden Rohstoffpreisen und steigenden Kreditkosten geführt. Die Pandemie ist zudem verantwortlich für den bislang größten Kapitalabfluss aus den Entwicklungsländern aller Zeiten. Infolgedessen werden Staatseinnahmen zurückgehen, der Schuldendienst wird steigen – und das in einer Situation, in der Länder Gesundheitsdienste und soziale Sicherungsleistungen im Zuge der Krise ausweiten müssen. Entwicklungsländer waren bereits vor dem Ausbruch von COVID-19 erhöhten Krisenrisiken und steigenden Schuldendiensten ausgesetzt. Das Ausmaß der öffentlichen Gesundheitskrise und die Notwendigkeit für schnelle politische Antworten bedeuten, dass öffentliche Ressourcen zwingend für die Bedürfnisse der Bevölkerungen eingesetzt werden müssen und nicht zur Kreditrückzahlung an Gläubiger. Die Ausbrüche von COVID-19 zeigen, dass Zeit ein entscheidender Faktor ist. Regierungen müssen die Mittel für entschiedene Maßnahmen schnellstmöglich verfügbar haben. Jede Verzögerung wird es schwieriger machen, die Pandemie unter Kontrolle zu bringen und den Umgang mit dem wirtschaftlichen Schaden teurer machen, insbesondere für Schuldnerländer“.

Es wird geschätzt, „dass die Streichung von Schuldendienstzahlungen, die 2020 fällig werden, bei 69 Ländern, die der IWF als Länder mit niedrigem Einkommen klassifiziert und für die ausreichende Daten verfügbar sind, 19,5 Milliarden US-Dollar von bilateralen und multilateralen Gläubigern sowie 6 Milliarden US-Dollar von privaten Gläubigern frei macht. Falls die Streichung auf 2021 ausgeweitet (werden R.M.) würde, würden weitere 18,7 Milliarden US-Dollar an multilateralen und bilateralen Zahlungen sowie 6,2 Milliarden US-Dollar an private Kreditgeber eingespart“ (https://erlassjahr.de/wordpress/wp-co

ntent/uploads/2020/04/Jubilee-Statement-Corona-final200407.pdf abgerufen am 19.05.2020).

Damit für hunderte Millionen an Menschen im „Globalen Süden" ein Handlungsspielraum besteht auf die gesundheitlichen, sozialen und wirtschaftlichen Auswirkungen von COVID-19 zu reagieren fordern 100 Organisationen einen Erlass der Schuldendienstzahlungen armer Länder. „Alle Zinsen, Tilgungen und Gebühren auf öffentliche Auslandsverbindlichkeiten, die im Jahr 2020 fällig werden, sollen dauerhaft gestrichen und nicht in die Zukunft verschoben werden" (s.a. erlassjahr.de 07.04.2020 unter: https://erlassjahr.de/pressemitteilung/zivi lgesellschaft-fordert-ein-erlassjahr-zur-bekaempfung-… abgerufen am 19.05.2020).

Viele Länder des globalen Südens wollen gerne Schulden bedienen und sparen dafür lieber bei staatlichen Dienstleistungen, Sozialausgaben und im Gesundheitsbereich, um ihre Kreditwürdigkeit zu bewahren.

Die Schuldenpolitik von China im Süden schafft erhebliche Abhängigkeiten der Länder des Südens gegenüber China: Es müssen nicht nur hohe Zinsen bedient werden, sondern man wird auch als Rohstofflieferant in die Abhängigkeit von China gezwungen. Und man wird als Land des globalen Südens genötigt, als ausführende Firmen bei Programmen chinesische Firmen anzuerkennen.

Die internationale Finanzwirtschaft macht, damit die Rendite stimmt, Entwicklungsländern Kredite schmackhaft.

Der Klimawandel nötigt Länder wie Mosambik dazu Kredite für Nothilfeprogramme aufzunehmen. Man fragt sich daher, ob die „ökologische Schuld" des Nordens mit den Schulden des globalen Südens verrechnet werden müsste (vgl. Scheffer, 30.04.2020, 24–25; s.a. Aronoff, Juni 2020, 54).

Mit diesen Impressionen wird deutlich, dass der Kreislauf der Verschuldung ganz grundsätzlich ausgesetzt werden müsste. Der „Erlass" von Schulden wäre nur ein erster Schritt. Dann müssten zusätzliche Hilfen von IWF und Weltbank in den kommenden Monaten als Zuschüsse gewährt werden – und nicht als Kredite (vgl. Aronoff, Juni 2020, 55).

4.2.3. Finanzen II (Mikrokredite)

Bei Handlungsalternativen gibt es kaum eine eindeutige Wahl zwischen eindeutig gut und eindeutig unguten Handlungen. Das zeigt sich bei der Mikrokredit-Praxis. K. Hartmann (2012) wirft einen kritischen Blick auf die Mikrokredit-Praxis in Bangladesch und anderswo. Nitza Berkovitch und Adriana Kemp (2011) haben hingegen einen nicht so kritischen Blick auf die Praxis in Bangladesch. Sie würdigen ohne geringsten Zweifel die globale Mikrokredit-Bewegung als innovative Praxis zum Empowerment der sehr armen Frauen, als nachhaltigen Beitrag zur Reduktion von Armut, als Beitrag zur Förderung weiblichen Unternehmertums und als „Graswurzelbewegung", die in der etablierten Kreditwirtschaft Anerkennung gefunden hat. Anscheinend sind Mikrokreditprogramme für Frauen in anderen Entwicklungsländern vielversprechender verlaufen als in Bangladesch aus Sicht von K. Hartmann (vergl. Berkovitch/Kemp, 2011, 162–165). Es scheint wohl von Bedeutung zu sein, ob die Mikrokredit-Praxis unter dem Dach von Nichtregierungsorganisationen angesiedelt ist und bleibt und nicht Teil der Markt-Ökonomie wird. Aber es wird auch gesehen, dass die NGO's, die Mikrokredite vergeben, zunehmend von den Prinzipien der Marktökonomie angesteckt werden. Weil Frauen Ernährerinnen für die Familien sind und eine höhere Verantwortung für die Familie haben, sind sie anscheinend die besseren Kreditnehmer für Mikrokredite (vergl. dies. 173f.). Mit Blick auf kritische Bemerkungen bei Kathrin Hartmann zu Suiziden sind die Ausführungen von Abijit V. Banerjee und von Esther Duflo (2011/2015) erwähnenswert, die eher die Argumente abwehren, wo man einen Zusammenhang herstellen will zwischen dem Suizid von Bauern in Indien und der Praxis der Mikrofinanzinstitute mit ihren Mikrokrediten (vergl. 223 und 234). Gleichzeitig formulieren die Autoren*innen vorsichtig, dass das Empowerment von Frauen über Mikrokredite in Indien nicht so beachtlich ist, wenn man genauer hinschaut (vergl. 226). Aber Mikrokredite, wie die z.B. vom Mikrofinanzinstitut „Spandana" in Indien, müssen geholfen haben, sonst würden die Leute in großer Zahl nicht wiederkommen.

Wenn man die Mikrokreditpraxis kritischer betrachten will, dann muss man die Ursprünge der Armut, die strukturellen Ursachen der Armut in den Blick nehmen, die zur vermeintlichen „Notwendigkeit" von Mikrokrediten führten: „Viele der heutigen Schuldner in Afrika waren früher Subsistenzbauern, die im Zuge der Industrialisierung der Landwirtschaft ihre Lebensgrundlagen verloren haben. Sie nehmen Kleinkredite auf, weil sie keine Alternativen haben, um sich Schneiderwerkstätten, mobile Straßenläden oder Verkaufskioske für aus China importiertes Plastikspielzeug aufzubauen. Nicht aus freier Entscheidung werden sie Rikschafahrer, Müllsammler oder Lastenträger, sondern weil allein solche für den informellen Sektor typischen selbständigen Beschäftigungen noch ein spärliches Einkommen versprechen" (Gebauer/Trojanow, 2018, 109). Die Mikrokreditpraxis hat dabei weniger die Bekämpfung der strukturellen Ursachen von Armut im Blick, sondern es geht um die Einbindung der Armen in die Finanzwelt. Die Armen sollen in ihrem Wirtschaften Teil des Marktgeschehens sein (vgl. Klas, 2019, 23).

Und blickt man genauer auf die Mikrokreditpraxis, dann dienen diese in der Mehrzahl gar nicht so sehr der Gründung von Betrieben, sondern werden zur Sicherung von Grundbedürfnissen aufgenommen. "Etwa zwei Drittel werden benötigt zur Begleichung von Arztkosten, Hausreparaturen, Hochzeitsfeiern, für das Schulgeld der Kinder oder den Kauf einer Ziege. Die muss aus Not in aller Regel bald wieder verkauft werden" (Gebauer/Trojanow, 2018, 110).

Die Mikrokreditpraxis macht die Menschen unfrei. Es wird Konsumverzicht geübt, um die Kreditraten zu bezahlen (vgl. Klas, 2019, 23). Schlimmer ist es, wenn Frauen sich als Dienstmädchen oder gar Prostituierte verdingen, um die Zinszahlungen leisten zu können. „Andere Schuldner finden vorübergehend Jobs als Wanderarbeiter, Tagelöhner oder in einschlägigen Weltmarktfabriken" (Gebauer/Trojanow, 2018, 110).

Die Mikrofinanzprodukte haben darüber hinaus das Problem, dass dadurch Solidarität durch Konkurrenz ersetzt wird. Es werden solidarisch finanzierte Formen sozialer Sicherung ausgedünnt. Sie lenken den Blick weg von der Notwendigkeit öffentlicher Sozialleistungen oder reduzieren die Sympathie für Spar- und Versicherungsvereine, die auf dem Prinzip solidarischer Gegenseitigkeit beruhen (vgl. Gebauer/Trojanow, 2018, 111). Hier müsste aber die Perspektive liegen. Mikrokredite, die aus Überschüssen genossenschaftlicher Arbeit und Produktion vergeben werden und an selbstverwaltete Gemeinschaften/

Gemeinden/Ökodörfer etc. angebunden sind, können eine Zukunft haben. Mikrokredite sind dann zukunftsfähig, wenn sie nicht so konstruiert sind, dass Kapital von den Armen von außen abgeschöpft wird[18].

Mikrokredite in Selbstverantwortung
Infolge der Aids Pandemie in Uganda zeigte sich Ende der 1990er Jahre, dass viele Kinder und Jugendliche perspektivlos auf ihren kleinen Schambas (kleine einfache Hütten mit etwas Landfläche) wohnten. Das führte zu der Idee, mobile Farmschulen zu gründen. Ziel war es, die jungen Menschen darin zu schulen, auf ihren kleinen „Homelands" ihren eigenen Lebensunterhalt zu erwirtschaften. „Mobil" bedeutete, die Schule wird in einem Dorf gegründet, Räume werden gemietet und nach 3 Jahren wird in einem anderen Dorf eine weitere Schule gegründet. So können über die Jahre flächendeckend alle jungen Menschen erreicht werden.
Praktisch sieht das folgendermaßen aus: In einem Dorf werden mit Hilfe von örtlichen Gemeindevorstehern und anderen verantwortlichen Personen 100 Schüler ausgewählt, mit denen eine Schulklasse gegründet wird. Diese treffen sich im ersten Jahr zu einem 14-tägigen Schulunterricht und dazwischen erfolgt eine 14tägige Praxis auf ihren Schambas. Im zweiten Jahr werden mit diesen Schülern Gruppen gebildet. 10–12 Schüler bilden eine Gruppeneinheit. Diese Schüler treffen sich während der nächsten 2 Jahre einmal wöchentlich mit einem Lehrer zu einem Erfahrungsaustausch. Damit die Gruppe zusammenwächst und sich gegenseitig unterstützt, bekommt jeder Schüler einen Verantwortungsbereich.(z.B. Sprecher, Schriftführer, Kassenwart, Umweltbeauftragter usw.).
Während der wöchentlichen Treffen zahlt jeder der Schüler einen kleinen Betrag in ihre Gruppenkasse. Die Höhe des Beitrags legt die Gruppe selbst fest. Aus dieser Gruppenkasse können sich die Mitglieder selbst Darlehen vergeben. Dies sind anfangs natürlich sehr kleine Beträge. Aber das Geld fließt immer wieder in die Gruppenkasse zurück. Über die Jahre wächst das Kapital der Gruppe stetig an, über das allein die Gruppe verfügen und entscheiden kann.
(Arbeitskreis Angeln der Kindernothilfe – Klaus-Heinrich Nissen/Br. Ralph Häcker)

18 Danke an Jon Redford, der die Rezeption der Aussagen des englischen Textes in den deutschen Ausführungen kritisch überprüfte und verbesserte.

4.2.4. Ökonomie

Oxfam (09.04.2020) machte sich Gedanken, was alles für den Aufbau einer fairen Ökonomie unternommen werden müsste. Es sollte „small business" gefördert werden, eine grünere Ökonomie aufgebaut werden sowie mehr Geschlechtergerechtigkeit in der Ökonomie bestehen. Dividenden sollen erst ausgeschüttet werden, wenn gerechte Löhne gezahlt worden sind und „grün" investiert wurde. Die finanzielle Unterstützung der Ökonomie sollte hierbei eine lenkende Wirkung haben. Die Empfehlungen im Einzelnen:

- "Priority should be given to small businesses and self-employed, as they are least able to cope.
- Financial support to companies should be used to maintain payrolls.
- Companies should honour ongoing contracts with suppliers to protect workers in the supply chain.
- A moratorium should be imposed on executive bonuses and all payments to shareholders and for at least three years following government financial support.
- For those corporations receiving company-specific assistance, financial support should take the form either of interest-bearing loans or of the government taking a stake in the company.
- Governments should ensure proper oversight of all bailouts, including being represented on boards, to prevent corruption and mismanagement.
- Companies involved in fossil fuel extraction should not be bailed out at all.

To help build a fairer and greener economy after the crisis, corporations should be required to:

- Commit to transformational action to cut their greenhouse gas emissions in line with the Paris Agreement and the 1,5 ° C temperature goal.
- Cap dividends paid out to shareholders. Dividends should not be paid until a corporation is paying a living wage to all workers and is investing enough in low-carbon transition.

- Disclose their CEO-to-median wage ratio and set a maximum ratio of 20.
- Accept collective bargaining and engage with independent trade unions and enable woman workers to raise their voices safely and effectively.
- Institute mandatory gender parity through quotas boards and executive committees and close the organization's gender pay gap.
- Pay a living wage to their workers and work towards living wages in their value chain.
- They must publish country by country reports to disclose their financial activities in tax havens" (Seite 9).

Aber auch die Steuern können eine lenkende Wirkung haben, um Frauen zu fördern, um Kleinst-Selbstständige zu unterstützen, um zu einer ökologischen und sozial verträglichen Konsumkultur hin zu führen sowie um Geldgeschäfte auch in die Transformation der Gesellschaft einzubeziehen. Es muss eine Steuerbelastung weggelenkt werden von der „Arbeit" hin zum „Kapital" bzw. eine Steuerkonkurrenz zwischen nationalen Standorten abgebaut werden (vgl. Seite 13).

- "Introduce a temporary tax on excess profits for all companies with extraordinary profits; in the First World War, Britain and the USA imposed an 80% tax rate on profits above an 8% annual return.
- Increase taxes on wealth, immediately and substantially, to help finance these rescue plans and the recovery.
- Introduce taxes on luxury and highly carbon-intensive goods, such as a tax on sports utility vehicles (SUVs).
- Implement the Financial Transaction Tax (FTT), a small tax on every financial transaction that could raise tens of billions of dollars and curb financial speculation.
- Activate the Digital Sales Tax on highly digitalized businesses.
- Adopt in a coordinated way minimum corporate taxes set at sufficient and fair levels, on a country-by-country basis, and based on a fair allocation of profits made in every country.
- Accelerate automatic exchange of information mechanisms for developing countries and publish multinational corporations' country-by-country reports in order to return the money hidden in tax havens.

- Start negotiations for a global green taxation agreement (cross-border carbon taxes).
- Require public country-by-country reporting by all large corporations".

4.2.5 Frieden (Keine Rüstungsexporte)

Weiter vorne wurde in dem Abschnitt zu Afrika (2.3.1.) festgestellt, dass in Konfliktzonen die Bekämpfung von Seuchen schwieriger fällt – und dann vermutlich auch von Covid-19. Dann wurde Armut als Ursache von sozialen Unruhen und von Bürgerkriegen dargestellt (3.4.), die, wenn sie lange andauern, auch wiederum für Armut verantwortlich sind. Mit Covid-19 und den Maßnahmen hierzu, die zu Armut und Hunger führen, nehmen soziale Unruhen weltweit zu. Hier soll daher exemplarisch an einem Land vorgestellt werden, wie kriegerische Konflikte und Armut miteinander in Beziehung stehen. Da vor allem Kleinwaffen solche Konflikte verschärfen drängt sich hier die Notwendigkeit auf, Rüstungsexporte zu verbieten und Rüstungskonversionsanstrengungen einzuleiten.

Am Beispiel von Burundi wird in einer jüngst erschienenen Studie die Verflechtung von Unsicherheit, Waffen und Binnenflüchtlingen deutlich. Kleinwaffen sind hier flankierende/stützende Bewaffnungen, damit die Machete und andere krude „Waffen" erst genutzt werden und zum Einsatz kommen. Das G3 als deutsche Waffe ist in der Region der Länder der Großen Seen (in Afrika) verbreitet. Kleinwaffen wurden (illegal) akquiriert, zum Zweck der Selbstverteidigung, zur Begleichung von „Konten" oder aus purer Rache. „Warum eher zur Waffe gegriffen wurde, nannten die Befragten schlechte Regierungsführung, ‚intransparente' Regierungsbildung, Sicherung von staatlicher Macht und Kontrolle sowie politische Manipulation als zentrale Gründe" (Gebrewold, 2018, 5). „Aus den Antworten der Befragten ergibt sich, dass die poröse Beschaffenheit der Grenzen zwischen den Nachbarländern zur leichten Zirkulation/Transfer illegaler Kleinwaffen nach Burundi beiträgt". Hauptnutzer der Kleinwaffen in Burundi stammen aus dem städtischen Umfeld. Dabei ist zu beachten, dass infolge der Vielzahl von Binnenflüchtlingen es einen fließenden Übergang von Stadt und Land gibt. Junge Männer sind Hauptnutzer von illegalen Kleinwaffen – aber auch Frauen greifen auf Kleinwaffen zurück; sie sind nicht nur Opfer (vgl. ders., 6).

Das Leben durch die starke Verbreitung von Kleinwaffen ist so stark geprägt, so dass die Realität mit den Begriffen Angst, Traumatisierung, Hoffnungslosigkeit, Armut, Plünderungen und Diebstähle, Vertreibung von Menschen innerhalb und außerhalb des Landes, Morde, Arbeitslosigkeit, Unterbeschäftigung (z.B. fehlender Zugang zu Orten der landwirtschaftlichen Produktion) und allgemeine Gesetzlosigkeit beschrieben wird. Darüber hinaus ist der Handel, Import und Export zwischen den Nachbarländern praktisch zum Erliegen gekommen (hier S. 9). Konkret wird von einer großen Zahl der Befragten auf ihre verminderte Kaufkraft als größte Folge des bewaffneten Konfliktes hingewiesen. Aber es wird auch von vielen auf den verminderten sozialen Zusammenhalt aufmerksam gemacht. Hier zeigt, was alles bearbeitet werden müsste, um Frieden herzustellen.

Darüber hinaus besteht die Erkenntnis der besonderen Verwundbarkeit der Frauen durch die Kleinwaffenverbreitung. „Die Befragten gaben an, dass Frauen vergewaltigt (68%), verwitwet (65%), getötet (24%) und gefoltert (24%) wurden (…)“ (ders., 10). Eine weitere spezifische Verwundbarkeit wird bei Menschenrechtsakteuren*innen und Journalisten*innen festgestellt, wobei Menschenrechtsakteure hierbei besonders hervorgehoben werden müssen. Junge Männer sind durch die mit Kleinwaffen beförderten Konflikte deswegen auf spezifische Weise verwundbar, weil sie in Kampfgruppen eingegliedert/genötigt werden. Sie sind Mitglieder diverser Milizengruppen. In allen beiden Fällen sind sie Hauptziele der gegnerischen Kräfte. Frauen sind dann noch als Mittäterinnen zu erwähnen – hier als Schmugglerinnen von Nahrungsmitteln sowie dem Verstecken und dem Transport von Kleinwaffen. Wenn von Verwundbarkeit gesprochen wird, werden die vielen Straßenkinder erwähnt. Ein Problem des bewaffneten Konfliktes sind die verlassenen Kinder, dann aber auch der Schulabbruch als soziale Komponente.

Fazit: Die Studie zeigt auf, Kleinwaffen sind im Burundi-Konflikt extrem weit verbreitet. Es besteht in der Bevölkerung ein recht gutes Wissen über Waffen. Sie können von vielen Menschen leicht identifiziert werden, so dass man davon ausgehen muss, dass sie eine Alltagsrealität sind. Das G3 aus Deutschland gehört dazu. Auffallend ist die starke Präsenz der Handgranate in diesem Konflikt. Damit sind die Menschen/Befragten ebenso sehr „vertraut" wie mit anderen Kampfmitteln. Die Handgranate scheint wohl leicht verfügbar zu sein und sie scheint auch attraktiv zu sein, weil sie leicht zu tragen ist. Von allen gesellschaftlichen Schichten unter den Befragten wurden Kleinwaffen leicht identifiziert – sie scheinen weit verbreitet und kommen wohl häufig zum Einsatz.

Hier steht Baden-Württemberg als Partnerland von Burundi in einer besonderen Verantwortung. Es müsste ein friedenspolitischer Weg gegangen werden, statt bei der Rüstungsindustrie auf Export zu setzten. Kiflemariam Gebrewold zur Perspektive: „Gewiss der Bund ist für die Genehmigung von Rüstungsexporten zwar zuständig, aber die Landesregierung kann sich nicht aus der politischen Verantwortung entziehen. Schließlich hat sie eine gestaltende Verantwortung und könnte das Thema Konversion von Rüstungsbetrieben für Baden-Württemberg ernst nehmen, statt den Export zu beflügeln und somit der Kriegslogik zu folgen" (https://www.ekiba.de/html/content/ruestungsexport2411.html?Stichwortsuche=Gebrewold abgerufen am 25.05.2020).

Aber man sollte die Diskussion der Rüstungsexportbeschränkung/des -verbotes nicht nur auf Kleinwaffen beschränken, weil zum Beispiel etwa ein Zusammenhang zwischen U-Boot-Exporten nach Ägypten und fehlenden Ressourcen zur Covid-19-Bekämpfung herzustellen ist. „Es gibt nicht genügend Intensivbetten, die Krankenhäuser sind nicht ausgebaut. Da fehlt ganz konkret das Geld, das an deutsche U-Boot-Bauer gegangen ist", so Alexander Lurz, Abrüstungsexperte bei Greenpeace (DIE ZEIT 20.05.2020, 10).

4.2.6. Gesundheit

Die Erfahrungen in den 1980er-Jahren beim weltweiten Ausbruch von HIV/AIDS zeigen, dass damals Millionen Tote zu vermeiden gewesen wären, wenn die AIDS-Präparate anfangs nicht astronomisch teuer gewesen wären und den Betroffenen zur Verfügung gestanden hätten. Diese Erfahrung lehrt uns, so Thomas Gebauer (Mai 2020, 17), dass essenzielle Medikamente Gemeingut sein müssen und als solche prinzipiell frei von privaten Eigentumsrechten sein müssten. Deswegen ist der Patentschutz für überlebenswichtige Mittel einzuschränken. Dabei sollte der entscheidende Akteur die WHO sein, um die künftige Versorgung mit Medikamenten und Gesundheitsdiensten zu übernehmen. Dafür müsste aber die Handlungsfähigkeit der WHO erhöht werden, die bei einem Jahresbudget von ca. 2,5 Milliarden Dollar allerdings beschränkt ist. Es gilt die WHO zu stärken – das vor allem über das Beenden der Einfrierung der Beitragszahlungen der Mitgliedsländer, damit sich die WHO aus der Abhängigkeit einzelner mächtiger Industrieländer, wie auch privater Philanthropen wie der *Bill & Melinda Gates Stiftung*, befreien kann. Die WHO ist als Akteur auszubauen, dahingehend, dass sie die zentrale Steuerungsinstanz in Sachen weltweiter Gesundheit ist. Dafür ist sie zu befreien von partikularen Macht- und Profitinteressen; Gesundheit darf nicht mehr zum Spielball der Geschäftsinteressen von Vorstandsetagen der Pharmaindustrie werden und darf auch nicht in einen national-internationalen Kampf um politische Hegemonie hineingezogen werden.

„Ohne die Arbeit von Selbsthilfegruppen und kommunalen Selbstorganisationen wäre es nicht gelungen, der Ebola-Krise zu begegnen" (Gebauer, Mai 2020, 17). Daran gilt es anzuschließen für die Bekämpfung der Covid-19-Pandemie. Wir müssen auch zurückgreifen auf das soziale Engagement von Wohlfahrtsorganisationen und spontan entstehenden Initiativen. Sie klären die Menschen über Infektionswege auf und stehen den Menschen sozial bei. Und im Verbund mit NGO's des „Nordens" können sie eine wirkungsvolle ergänzende Arbeit bei der Eindämmung der Covid-19-Pandemie leisten.

Aber wir dürfen bei dem Gesundheitsengagement uns nicht überstark auf eine Fokussierung auf Covid-19 einlassen. Und beim Gesundheitsengagement muss man sich nicht darauf verlassen, dass dieses zur „Staatsaffäre" wird; es kann bei einer „solidarischen Lebensweise" „von unten", bei der „praktischen Selbstorganisation" „von unten" seinen Anfang nehmen. Und wir müssen nicht für ein besseres Gesundheitsengagement auf „Soziale Bewegungen" und „NGO's" schielen, die „die Staatsmacht zu erobern" versuchen. Das Gesundheitsengagement kann in „Selbsthilfeprozessen" beginnen, wie es in Mexiko die autonomen Kliniken der Zapatistas zeigen, die leistungsfähiger sind, als jene des Staates. „In vielen Regionen der Welt bleibt nur die Möglichkeit, in Eigeninitiative für eine Krankenstation“ (Gebauer/Trojanow, 2018, 238) zu sorgen. Die staatlichen Institutionen sind gar nicht sehr oft in der Rolle des öffentlichen Dienstleister, sondern Agenturen des Machterhalts. So ist es oft sinnlos, in Fragen der Gesundheit sich an die Behörden zu wenden.

Als Beispiel für einen perspektivischen Weg steht die Gesundheitsorganisation *Gonoshasthaya Kendra* („Volksgesundheitszentrum“) (GK) in Bangladesch. GK „versorgt heute über eine Million Menschen in über 600 Dörfern, unterhält Schulen für Basisgesundheitshelfer, mehrere Hospitäler, Kindergärten und Berufsbildungsprogramme für Frauen“ (Gebauer/Trojanow, 2018, 230f.). Dr. Zafrullah Chowdhury, der Gründer von GK setzt von Anfang an auf eine Entmystifizierung medizinischen Handelns im Alltag. „Heute betreibt GK eigene Universitäten mit medizinischen Fakultäten, bildet Pharmakologen aus, unterhält Dialysezentren und sogar zwei pharmazeutische Betriebe, die essentielle Arzneimittel wie Antibiotika für den lokalen Markt produzieren. Aus den Überschüssen lassen sich die Sozialprogramme subventionieren. Die Prinzipien, die die Arbeit von GK leiten, reichen weit über den Gesundheitsbereich hinaus. Gegenseitige Anerkennung und Teilhabe, Autonomie und Solidarität sind grundlegend für alle Auseinandersetzungen, bei denen Menschen für ihre Rechte streiten“ (dies., 231).

„Um der ökonomischen Globalisierung von oben eine menschenwürdige Alternative entgegenzusetzen, bedarf es einer Globalisierung von unten“. Es bedarf hierbei einer „unabhängigen transnationalen Öffentlichkeit“, die Big Pharma, Philanthrokapitalisten wie Bill Gates und mächtigen Einzelstaaten entgegentritt. Ein besonders aktives Netzwerk ist die *People's Health Movement* (PHM), die sich im Rahmen der regelmäßig stattfindenden Weltsozialforen trifft. „Die PHM wurde 2000 in Bangladesch von Gesundheitsaktivisten aus dem globalen Süden gegründet und vereint heute Hunderte von Initiativen aus aller Welt“ (dies., 233). „Dreimal hat sich das Netzwerk bereits zur *People's Health Assemblies*, zu Weltgesundheitsversammlungen von unten, getroffen und bislang fünf Ausgaben des alternativen Weltgesundheitsberichts *Global Health Watch* veröffentlicht. Mit selbstorganisierten *International People's Health Universities*, die temporär an wechselnden Orten stattfinden, sorgt das PHM für Verbreitung und Weiterentwicklung sozialmedizinischen Wissens“ (dies.). „Mit einer Doppelstrategie versuchen die Mitglieder des PHM dem Recht auf Gesundheit zum Durchbruch zu verhelfen. Auf internationalen Konferenzen drängen sie auf eine Korrektur des herrschenden Entwicklungsmodells, das Gesundheit mehr und mehr zu einer Ware verkommen lässt. Zugleich betonen sie, dass das Recht auf Gesundheit nicht von oben oktroyiert werden kann, sondern von unten erkämpft werden muss. Globale Gesundheit beginnt im eigenen Land, ohne Veränderung im eigenen Umfeld bleibt das universelle Recht unerreicht“ (dies., 234). „Grundlage der Arbeit des PHM ist die auf dem ersten Treffen in Bangladesch ausgearbeitete *People's Charter for Health.* Zu ihren Grundsätzen zählt die Verteidigung von Gesundheit als Gemeingut, die Zurückweisung weiterer Privatisierung. In sämtlichen Debatten finden diese Ziele Bestätigung, doch wird auch deutlich, wie sehr das Verständnis von Gemeingütern untereinander variiert. Verbinden die Vertreter aus dem Norden mit der Idee von Gesundheit als Gemeingut in erster Linie funktionierende Serviceleistungen, akzentuieren vor allem die Vertreter aus Lateinamerika die Idee der Allmende als einen politischen Prozess, bei dem die Gemeinwesen den Umgang mit dem für die Lebensgestaltung notwendigen Ressourcen bestimmen. So wie wir es in den zapatistischen Dörfern gesehen haben“ (dies., 234f.). In der PHM werden so Fragen diskutiert, ob es akzeptabel sei, dass es eine Migration von Gesundheits- und Pflegefachkräften in den Norden gibt. Auch werden die Gewerkschaften angefragt, wenn jene sich für Arbeitsplätze im Braunkohlebergbau einsetzen, was ja mit der Gesundheit nur schwer vereinbar ist.

Die Initiativen von unten haben auch das Potential für eine solidarisch finanzierte Grundversorgung. So organisiert in Bangladesch GK eine selbstbestimmte Krankenversicherung für Textilarbeiterinnen, „bei der diejenigen, die ein wenig mehr haben, auch für die Gesundheitsbedürfnisse der Ärmeren bzw. gänzlich Mittellosen aufkommen“ (dies., 238). Damit sind zwar zunächst nur punktuelle Verbesserungen zu erreichen, doch es weist auf die richtige Richtung. „Sie institutionalisieren Hilfe, und sie sorgen über das Prinzip von Solidarität für notwendige Umverteilungsprozesse und die Bildung sozialen Eigentums“ (dies., 238).

Das Prinzip der Solidarität kann auch in genossenschaftlich organisierten Dorfapotheken beginnen (vgl. dies., 240).

4.2.7. Bildung/Wissen – Das Beispiel Wikipedia

Wikipedia ist ein Beispiel der digitalen Gabenökonomie, wo Wissen Armen, Benachteiligten, Unterdrückten und Arbeitslosen kostenlos zur Verfügung steht, wenn sie an kostenlosen Computerarbeitsplätzen in öffentlichen Bibliotheken darauf zurückgreifen können. Wikipedia kann die Chance beinhalten, dass diese Zielgruppe selbst in der Bereitstellung von „Wissen“ engagiert ist und eventuell hier verborgenes Wissen Eingang in die Beiträge auf Wikipedia findet. Dann stellt Wikipedia einen „Anerkennungsraum“ dar: „Stille“ Arme, „laienhafte“ Arbeitslose, „behinderte“ Benachteiligte können über ein qualitatives Engagement in der Wikipedia-Community Anerkennung und Wertschätzung erfahren und sich zusätzliche Verantwortungsräume erschließen, etwas, was die „analoge“ Gesellschaft ihnen zuweilen vorenthält. Schließlich mobilisiert Wikipedia eine hohe Spendenbereitschaft, um die Kosten trotz Gabenökonomie (vgl. Elder-Vass, 2016/2018, 212) zu decken und trägt damit auf einer weiteren Ebene zur Solidarität mit den Armen bei.

Wikipedia stellt ihre Produkte **allen Interessierten kostenlos zur Verfügung** (vgl. Elder-Vass, 2016/2018, 202) – und ist damit ein Ausdruck der „Vorrangigen Option für die Armen“.

Mit Wikipedia wird Wissen geschenkt, ohne dass die Armen das Gefühl haben, dass ihnen als Hilfsbedürftige unter die Arme gegriffen wird und sie empfangen Wissen ohne die Empfindung eines Stigmas. Wenn „wir“ auf der Ebene von Wikipedia Wissen „schenken“, behandeln wir die Armen, die Wikipedia nutzen, als Gleichrangige, „von denen wir weder eine Zahlung noch irgendeine Gegenleistung erwarten“ (ders., 203).

Die Armen können auf der Ebene Wikipedia leicht Geschenke des Wissens ohne Gegenleistung annehmen, weil ihnen klar ist, „dass es Teil des Überflusses ist und seine Grenzkosten unbedeutend sind“ (ders., 204).

Das von Wikipedia erzeugte Wissen ermöglicht eine Nutzung durch eine Person in einer Weise, die andere nicht daran hindert, es auch zu nutzen.

„Einmal geschaffen, gehen Wikipedia-Artikel ins neue *digitale Gemeingut* ein: Sie sind digitale öffentliche Güter, die für jeden gebührenfrei verfügbar sind. Der Begriff der Gemeingüter oder Allmende bezeichnete ursprünglich gemeinsames Land, auf dem sämtliche Dorfbewohner ihr Vieh weiden konnten, auch wenn er später auf eine Vielfalt weiterer gemeinschaftlich genutzter Ressourcen wir Grundwasser oder Fischbestände ausgeweitet wurde. Das digitale Gemeingut unterscheidet sich von traditionellen Gemeingütern allerdings in mindestens zweierlei Hinsicht. Erstens stehen digitale Informationen -zumindest im Prinzip – *allen* und nicht nur einer bestimmten Dorfgemeinschaft zur Verfügung. So erfordert der Zugang zu Wikipedia nur ein Gerät und einen Browser. Auf den ersten Blick erhöht dies scheinbar die Gefahr der sogenannten Tragik der Allmende: die einer Übernutzung gemeinschaftlicher Ressourcen, die sie teilweise oder vollständig unbrauchbar macht. Dieses Problem führt aber zum zweiten Unterschied: Weil Information ein nichtrivalisierendes Gut ist, zeigen digitale Gemeingüter beim Konsum keinen Verschleiß, weshalb sie gegen die von Garrett Hardin 1968 beschriebene Tragik der Allmende gefeit sind. Weil eine Nutzerin die Verfügbarkeit für andere nicht einschränkt, stellen Trittbrettfahrer_innen ein deutlich geringeres Problem dar. Wenn von einer Million Menschen, die ein digitales Produkt nutzen, nur ein winziger Bruchteil zu dessen Weiterentwicklung beiträgt, kann eine Informationswirtschaft auch nachhaltig florieren. Gemeinschaften, die Informationsgüter erzeugen, können allein mit den Beiträgen von nur einem kleinen Teil ihrer Mitglieder fortbestehen. Und diese wenigen Beitragenden können aus dem Wissen, dass sie mit ihrer Arbeit einer gewaltigen Anzahl von Menschen nützen, durchaus Befriedigung ziehen" (ders., 204f.).

Für die Armen ist Wikipedia deswegen sehr interessant, weil die Artikel durch den Redaktionsprozess sehr aktuell sind. Aber man muss auch sehen, da sich jede/r an Wikipedia beteiligen kann, es immer wieder zu Fehlern durch unqualifizierte Bearbeitungen oder sogar Vandalismus kommt (vgl. ders., 207). Da Wikipedia ein größeres Risiko für grobe Fehler birgt, ist es für akademische Zwecke eher immer noch ungeeignet.

Schenken bei „Wissen“ macht Aktivitäten überflüssig, die nur wegen der Warenform von „Wissen“ anfallen und gewissermaßen eine Verschwendung von Ressourcen darstellen. Weil bei Wikipedia „Wissen“ keine Ware ist, ist deren Bereitstellung mit verschwindend geringen Grenzkosten verbunden – wobei verschwindend gering immer noch ein beachtlicher Batzen ist (vgl. ders., 212).

Die anfallenden Kosten werden über Spenden gedeckt – der nächste Aspekt der Gabenökonomie. „Sie (Wikipedia R.M.) deckt ihre laufenden Kosten mehr oder weniger vollständig durch Spenden. So betrug deren Anteil von den Gesamteinkünften von 52,8 Millionen Dollar 2013–2014 zum Beispiel 51,2 Millionen Dollar. Während rund 7 Millionen Dollar als Großspenden von Einzelnen und gemeinnützigen Stiftungen stammen, wurde der Rest durch Online-Kampagnen eingeworben, bei denen gewöhnliche Wikipedia-Benutzer_innen in Banneranzeigen auf Wikipedia-Seiten und per Email um einen Beitrag für die laufenden Betriebskosten gebeten wurden. Bei den Spender_innen handelt es sich vornehmlich um regelmäßige Benutzer_innen, die Wikipedias nichtkommerzielles Ethos unterstützen wollen. Laut einer Umfrage unter Spender_innen, die Wikimedia Deutschland durchführte, war die stärk(s R.M.)te Motivation zum Spenden, ‚etwas zurückzugeben, da ich Wikipedia so häufig nutze‘, dicht gefolgt von dem Wunsch, dass Wikipedia weiterhin kostenlos zur Verfügung stehen möge und ‚um Wikipedia vor Beeinflussung und Manipulation zu schützen‘. Häufig als Grund genannt wurde auch, ‚damit keine Werbung auf Wikipedia geschaltet wird‘“ (ders., 212f.). Einige spenden auch, weil „Wissen“ **für alle umfangreich** zur Verfügung stehen sollte, auch für die Armen. Und einige spenden, weil Wikipedia es ermöglicht, dass Wissen von Armen hier Anerkennung erfährt. Aber es wird auch gespendet, um Inhalte von Wikipedia vor kommerzieller Einflussnahme zu bewahren.

Wikipedia ist ein starker Repräsentant der Solidarität gegenüber den Armen, weil Einzelpersonen in großer Zahl unentgeltlich zusammenarbeiten, um etwas Nützliches zu erzeugen, „das der Allgemeinheit kostenlos zur Verfügung gestellt wird“ (ders., 215). Hier finden ehrenamtliches Engagement und ein auf Kooperation fußendes dezentrales Handeln zusammen. „Für dieses fortlaufende Projekt opfern Hundertausende von Menschen ohne jedwede finanzielle Entlohnung Zeit, um ein Gut zu schaffen, das für Milliarden einen Wert darstellt und das sie dennoch umsonst zur Verfügung gestellt bekommen. Hier gibt es keinen Markt, keine Tauschgeschäfte und keine Waren und deshalb – aus Sicht des Mainstreams – auch keine Wirtschaft. Und doch brauchen wir und profitieren wir von Qualitätsinformationen – von Wissen -, wie sie uns die Warenwirtschaft häufig erfolgreich verkauft hat. Aus Sicht der Versorgung ist Wikipedia somit eindeutig ein Wirtschaftsunternehmen, in dem Menschen arbeiten, um für andere Nutzen zu erzeugen“ (ders., 216).

Warum tun diese Menschen das? Es wird als Gelegenheit gesehen nicht ausgeschöpfte geistige Kapazitäten zu nutzen. Manchmal wird aus Eitelkeit gehandelt. Dann aber auch, um einen sinnvollen Beitrag zur Veränderung der Welt zu leisten. Dann auch, um kreativ sein zu können. Schließlich will man auch etwas Positives leisten, „etwas zum Nutzen der ganzen Menschheit (…) schaffen“ (ders., 217). Aber es besteht auch „der Reiz, einer Gemeinschaft anzugehören und von ihr anerkannt und geschätzt zu werden, vor allem von einer, die nicht hierarchisch und kooperativ organisiert ist. Die Mitgliedschaft gibt den Teilnehmer_innen ein Zugehörigkeitsgefühl, ein gemeinsames Ziel, und bietet gegenseitige Unterstützung, um die Gruppenziele zu erreichen“ (O'Sullivan auf Seite 217).

Es können arbeitslose Menschen unter den Laien-redakteuren*innen sein, die durchaus qualitative Beiträge zu Wikipedia-Einträgen liefern und dabei dadurch Anerkennung finden. Wenn sie auf den Diskussionsseiten der Wikipedia-Community wertvolle Beiträge „liefern“ können sie zu erheblichen Ansehen gelangen. Die Anerkennung kann auch in der Übertragung der Verantwortung sich widerspiegeln.

Die Administratoren*innen nehmen eine besondere Rolle der Verantwortung wahr, indem sie zum Beispiel Benutzer*innen sperren, die Vandalismus begehen; Seiten, die häufig von Vandalismus betroffen sind, vor weiterer Bearbeitung schützen oder andere zu Themen löschen, wenn sie nach seiner/ihrer Ansicht nach die Relevanzkriterien nicht ausreichend erfüllen. Sie recherchieren auch in anderen Quellen, um zur Redaktion von Wikipedia beizutragen (vgl. ders., 219).

Die Qualität von Wikipedia-Artikeln kann darunter leiden, weil Beitragende „eher dürftig vorqualifiziert sind“ – das muss man in Rechnung stellen. Aber „manche betreiben schlicht Vandalismus, während andere bei der Bearbeitung von Inhalten politische und kommerzielle Absichten verfolgen“ (ders., 221). Hier besteht eine Tragik der Allmende, insofern es zu einer Qualitätseinbuße durch übermäßige Bearbeitung kommen kann. Aber es wird über einen Austausch und eine Diskussion mit Respekt und Anstand zwischen Autoren*innen und Redakteuren*innen an der Qualität von Wikipedia gearbeitet (vgl. ders., 222f.). Über das „Neutralitätsprinzip“ oder Grundprinzipien wie z.B. keine Gerüchteküche, keine Propaganda oder keine Verschwörungstheorien wird von Redakteur*innen darauf geachtet, dass die Qualität in hohem Maße sichergestellt wird.

Indem in der Wikipedia-Community sehr stark im Sinne des Habermas'schen Modells der diskursiven Demokratie verfahren wird (vgl. ders., 231), haben Minderheiten die Chance ihre Argumente angemessen einfließen zu lassen. Übereinkünfte müssen dann den Standpunkt der Minderheiten angemessen würdigen. Dadurch kann auch (im Prinzip) die Perspektive der Benachteiligten, Unterschichten und Armen Eingang in einen Wikipedia-Artikel finden. Allerdings können voreingenommene Adminstratoren*innen (vgl. ders., 232) oder arrogante und sture Redakteure*innen in „Bearbeitungskriegen“ deren Standpunkt herauskatapultieren, weil sie diese – nämlich die Armen und Benachteiligten – demotivieren.

4.2.8. Kultur

Martha Nussbaum zeigt indirekt auf (vgl. dies., 2019, 122–162), dass eine Kultur der Solidarität mit den Armen erst dann möglich wird, wenn wir aufhören auf bestimmte Gruppen Ekel zu projizieren. Ekel ist für sie immer spezifisch und mit speziellen Angstgedanken kombiniert und das verhindert eine Solidarisierung. Da Ekel auch entsteht, weil wir an den Armen an unsere Sterblichkeit intensiver erinnert werden und eigentlich Tod und Verfall vor uns selbst und anderen zu verbergen versuchen, werden wir auch ein anderes Verhältnis zu unserer

Sterblichkeit entwickeln müssen, um mit den Armen solidarisch sein zu können.

4.3. Global

4.3.1. Green New Deal

Die Notwendigkeit eines Green New Deal ist mit der Corona-Krise auf die Tagesordnung gerückt (vgl. Descamps/Lebel, Mai 2020, 1 und 8). Und manche meinen sogar, dass dafür die Voraussetzungen nicht schlecht stehen; zumindest deutet sich unter der Corona-Krise an, dass in diese Richtung etwas machbar wäre (Göpel/Pinzler, 14.05.2020, 5). Siehe auch den Beitrag im SPIEGEL (vgl. Jung/Schießl, 23.05.2020, 68ff.), der dem Impuls von Maja Göpel[19] würdigt, dann aber auch (indirekt) deutlich macht, dass das Konzept der Gemeinwohl-Ökonomie von Christian Felber mit den Gemeinwohl-Bilanzen eine relevante Rolle beim Green New Deal spielen könnte. Grund genug sich an das Konzept eines Green New Deal zu erinnern, wie es Naomi Klein (2019) umrissen hat. Es ist auch als Antwort auf die Armutsfrage konzipiert. Mit dem von ihr formulierten Green New Deal könnte ein postkolonialer Mut bei den Entwicklungsländern entfacht werden, den „Mantel des Schuldners" abzuwerfen, der ihnen durch die „Kredit-Kultur des Westens/der Reichen" umgeworfen wurde und um nun zu „Gläubigern" gegenüber dem „Westen" zu werden. Nun könne der „Westen" den Entwicklungsländern infolge des vor allem durch den

19 Maja Göpel argumentiert gegen das Wachstumsparadigma: „Planetenzerstörung darf nicht mehr Wachstum heißen. Reine Geldvermehrung nicht länger Wertschöpfung" (dies., 2020, 96). Es ist nicht gerecht, wenn wir „unseren" Entwicklungsschub mit einem Kredit am Weltklima finanzierten (vgl. 171) und die Armen an dieser Hypothek zu zahlen haben (vgl. 122). Das Hoffen auf den Trickle-Down-Effekt ist nicht die angemessene Form der Armutsbewältigung (vgl. 85ff.) – er hebt nicht nur nicht merklich den Lebensstandard vieler, er erreicht auch höchst selektiv die armen Menschen. Wir müssen uns eingestehen, dass wir als „Externalisierungsgesellschaft" (Stephan Lessenich) (vgl. 122) über die Verhältnisse anderer, nämlich der Armen leben (vgl. 123ff.). Deswegen bedeutet Solidarität mit den armen Ländern auch „Verzicht" (vgl. 127f.) und ein Ausstieg aus dem Steigerungszwang (vgl. 130).

„Westen“ gemachten Klimawandels Geld, regenerative Technologien und Know-how schulden, um die Armut infolge des Klimawandels, der Ausbeutung von Ressourcen, von Landraub etc. zu bewältigen (vgl. N. Klein, 2019, 106). In der Corona-Krise wurden die Reichen auch schon zu Schuldnern gegenüber den Armen, daran deutlich werdend, wenn immer einmal wieder festgestellt wurde, dass es ein Virus der Reichen war (vgl. Pitzke/Sandberg/Schaap/Schindler, 30.05.2020, 89).

Der Green New Deal kommt aus einer Haltung der Empathie gegenüber (womöglich Hunderte Millionen) Klimaflüchtlingen (vgl. N. Klein, 2019, 19, 57f., 113, 183ff.), lässt die Gefühllosigkeit der „konservativen weißen Männer“ gegenüber den unschuldigen Opfern des Klimawandels im globalen Süden zurück (vgl. dies., 114). Er ist auch eine Reaktion auf den Zynismus (vgl. dies., 112) „konservativer weißer Männer“ (111) gegenüber zum Beispiel 13 Millionen Menschen am Horn von Afrika, die auf staubtrockenen Land dem Hungertod entgegensahen (vgl. dies., 112). Jene „konservativen weißen Männer“ meinten, dass den Armen in ihrer Not nur helfen könnte, wenn sie die Ärmel hochkrempeln, dann würden sie die Armutslage überwinden können. Diejenigen, die dem Green New Deal überwiegend ablehnend gegenüber stehen, lehnen auch staatliche Hilfen für Arme und Minderheiten ab (vgl. dies., 108). Und diejenigen, die einem Green New Deal ablehnend gegenüberstehen, meinen „Opfergebiete“ und “Opferzonen“ von armen und "unterentwickelten (?!)" Völkern, Rassen und Kulturen zu definieren, die man nicht schützen und bewahren bräuchte (vgl. dies., 176ff.). Der Green New Deal will eine Zukunft ablehnen, „die durch brutale Ausgrenzung von Armen und Unschuldigen gekennzeichnet ist“ (dies., 63; s.a. 60–62). Der Green New Deal wendet sich gegen das Projekt des Neoliberalismus, das nicht nur kontraproduktiv in Hinblick auf die Ziele des Green New Deals ist, sondern auch subversiv Kräfte entfesselt, die dazu beitragen könnten, den Green New Deal zum Scheitern zu bringen (vgl. dies., 273–283)[20].

Den Green New Deal zu formulieren ist auch eine Gewissensentscheidung (vgl. N. Klein, 2019, 22 und 25).

20 Siehe auch das Interview mit Susanne Götze und Annika Joeres, Autorinnen des Buches „Die Klimaschmutzlobby“, das aufzeigt wie es um die möglicherweise entfesselten Kräfte aussehen könnte, um den Green New Deal zum Scheitern zu bringen (vgl. dies., 30.05/31.05./01.06.2020, 17).

Der Green New Deal hinterfragt den ökologischen Raubbau, den grenzenlosen und verschwenderischen Konsum, besonders Fleischkonsum und Flugreisen, den Ausbau der Kohleförderung, den Landdiebstahl bei indigenen Völkern, Globalisierung, Deregulierung und das Streben des modernen Kapitalismus nach unaufhörlichem Wachstum (vgl. N. Klein, 2019, 30, 38, 115, 296f., 298). Er ist technikkritisch, wenn man meint mit Geo-Engineering auf dem Klimawandel zu reagieren; er ist technikfreundlich, wenn er die Chancen der regenerativen Energien befürwortet.

Das Konzept des Green New Deal's ruft zwar den Notstand aus, aber will nicht, dass aus dem Notstand ein Ausnahmezustand wird, „in dem mächtige Interessenvertreter Angst und Panik der Öffentlichkeit nutzen, um hart erkämpfte Rechte auszuhebeln und gewinnträchtige Pseudolösungen durchzusetzen" (N. Klein, 2019, 52).

Zum Green New Deal gehören (vgl. N. Klein, 2019, 35, 43, 52, 58, 63f., 96, 104f., 118f., 148, 172, 202):

– Die Pflanzung von Milliarden von Bäumen (unter Berücksichtigung indigenen Wissens und unter indigener Führung),
– die Renaturierung von Mooren,
– der Humusaufbau auf landwirtschaftlichen Flächen,
– umweltfreundliche Investitionsprogramme (z.B. Straßen-, S- und U-Bahnen überall und für jeden erschwinglich oder sogar kostenlos; energieeffizienter, bezahlbarer Wohnraum entlang der neuen Verkehrsverbindungen),
– „saubere Technologie" (erneuerbare Energien; intelligente Stromnetze), die Menschen aus der Armut befreit (s.a. 296),
– Arbeitsplätze in der Betreuung alter und kranken Menschen, beim Unterrichten von Kindern oder in der Tagesbetreuung,
– entschiedene Maßnahmen zur Beseitigung von Steueroasen,
– Steuern auf CO-2, auf Finanz-Spekulationen, auf Unternehmen und Reiche,
– hohe Steuern auf Verursacher des Klimawandels,
– Einschnitte in aufgeblähte Militärhaushalte,
– Abschaffung absurder Subventionen für die Fossilindustrie,
– Bürger-Energiegenossenschaften,
– die solidarische Landwirtschaft,

- Bauernmärkte,
- Initiativen zur Stärkung der regionalen Landwirtschaft,
- das Einhauchen von Leben in verödete Ortszentren (Transition-Town-Bewegung),
- ein lebendiger Genossenschaftssektor,
- Anhebung des Mindestlohnes
- eine humane und wirksame Migrationspolitik,
- das Eintreten für die Rechte von Frauen,
- eine enge Verbindung zu den Ökosystemen suchen (142f.),
- aber auch Schutz für die, die infolge des Klimawandels in sichere Gebiete fliehen müssen; es ist ihnen Asyl und der Flüchtlingsstatus zu zuerkennen sowie eine Entschädigung zu zahlen.
- Ein weiteres Element des Green New Deal ist Divestment bei solchen Unternehmen, die zur Fossil-Branche und zum Fossil-Lobbyismus hinzuzurechnen sind.
- Und es eine radikale und sofortige „Degrowth"-Strategie für die Vereinigten Staaten, Europa und andere wohlhabende Nationen einzuleiten (vgl. dies., 133).

Hier reichen nicht ein paar Umschulungen für den „grünen Sektor" aus. Und es reichen auch nicht ein paar Teilprogramme aus. Es bedarf eines umfassenden „Plans" für eine zukunftsfähige Ökonomie und einen dem Gemeinwohl dienenden gesellschaftlichen Wandel (vgl. N. Klein, 2019, 98). Der Green New Deal wird nicht gelingen durch einen aufgeklärten Konsum (als Einzelperson), sondern nur wenn man zu einem „Teil einer starken globalen Bewegung" (dies., 152) wird, um die strukturellen Veränderungen nicht aus den Augen zu verlieren. Diese Bewegung wird einen furchtlosen ganzheitlichen Ansatz haben müssen, wo kein Problem zugunsten eines anderen zurückgestellt wird, um den tiefgreifenden Wandel anstoßen und forttragen zu können, den wir brauchen (vgl. dies., 168). Der Green New Deal will nicht, dass unter Krieg, Armut, systemischen Rassismus, Sexismus, Missbrauch etc. leidende Menschen aufgefordert werden, ihre Sorgen zurückzustellen, um zuerst „die Erde zu retten", sondern zeigt auf, wie alle diese Dinge miteinander zusammenhängen und ganzheitlich Lösungen aussehen müssten (vgl. dies., 173; s.a. 187).

Das schafft Hunderte Millionen guter Arbeitsplätze, kehrt die Exklusionsdynamiken bei Gemeinden und Ländern um, verbessert die Versorgung von Kranken und Kindern, stärkt die öffentliche Sphäre und reduziert gleichzeitig Emissionen (vgl. N. Klein, 2019, 37, 92 und 119, 300).

Mit dem Green New Deal ist die Erwartung für eine Zukunft verbunden, wo Zeit für mehr Muße ist, Zeit für mehr künstlerische Betätigung besteht, ein leichterer Zugang zu bezahlbarem ÖPNV und Wohnung besteht und wo klaffende Einkommensunterschiede zwischen Männern und Frauen sowie ethnischen Gruppen aufgehoben werden (vgl. N. Klein, 2019, 38, 297).

Der Green New Deal soll Indigenen, Armen, Geringverdienenden, Frauen, Obdachlosen und Menschen mit Behinderung eine Chance für eine bessere Zukunft bieten und die Fehler des (alten) New Deals zurücklassen und reparieren (vgl. N. Klein, 2019, 48).

Schließlich: „Jede Regierung, die einen Green New Deal einführen will, braucht starke soziale Bewegungen, die ihr den Rücken stärken und sie zu weiteren Maßnahmen anspornen" (N. Klein, 2019, 294; s.a. 299). Diese ist für Naomi Klein noch nicht in dem Umfang in Sicht, wie sie nötig wäre. Für sie ist noch ein tüchtiges Stück Weg zurückzulegen, „bis wir den Widerstand aufgebaut haben, den wir brauchen, um einen wirklich transformativen Green New Deal durchzusetzen und verteidigen zu können" (dies., 299). Dazu müssen wir zu einer kohärenten Zusammenschau von allen diesen Aspekten gelangen, die wir in einzelne Schubladen absortieren und in Teilbewegungen bearbeiten (vgl. dies., 300). Alle diese sozialen Bewegungen, die sich um bestimmte Themen kümmern müssen zusammenfinden, um eine sektorenübergreifende Vision des Green New Deal zu entwerfen (vgl. dies., 300)[21].

Sie verweist noch auf die Künste, die Bilder von Visionen und Hoffnungen zeichnen, malen, gestalten können.

21 Siehe hierzu die Annäherung zwischen der „Fridays For Future" (FFF)-Bewegung und den Gewerkschaften. Wechselseitige Unterstützung ist zu erkennen, wenn IG Metall und Verdi ihren Mitgliedern nahelegten, zur Großdemonstration von FFF am 20. September 2019 zu gehen. Andererseits wollte sich FFF bei Verdi's Engagement für Tarifverträge im ÖPNV engagieren (vgl. Schaible, 30.05.2020, 33).

5. Literaturverzeichnis

AK ROHSTOFFE (Autor: Anil Shah): Verantwortung entlang der Lieferkette im Rohstoffsektor!, 12 Seiten, Juli 2015 unter: https://www.inkota.de/fileadmin/user_upload/Themen_Kampagnen/Ressourcengerechtigkeit/positionspapier_ak-rohstoffe_verantwortung_entlang_der_lieferkette.pdf abgerufen am 05.04.2019

ALICE SALOMON HOCHSCHULE BERLIN: SAGE-Wissenschaftler_innen in gesellschaftspolitischer Verantwortung. Eine Stellungnahme zur Corona-Pandemie und ihren Folgen, 14 Seiten, Berlin 15.05.2020 unter: https://ash-berlin.de/fileadmin/Daten/News/2020/SAGE_Stellungnahme_Corona/SAGE-Stellungnahme_Corona.pdf abgerufen am 01.06.2020

ARMINGEON, Klaus (Hg.). Staatstätigkeiten, Parteien und Demokratie (FS Manfred G. Schmidt), Wiesbaden 2013

ARNDT, Susan: Blind vor Privilegien. Eine arrogante, rassistische und eurozentrische Weltdeutung blendet den Grund für die eigenen Privilegien in der Coronapandemie aus ..., Seite 13 in: taz 21.04.2020

ARONOFF, Kate: Corona, Klima, Schulden: Die dreifache Krise des globalen Südens, Seite 51–56 in: Blätter für deutsche und internationale Politik Juni 2020

BAADTE, Günter/RAUSCHER, Anton (Hg.): Christliche Gesellschaftslehre. Eine Ortsbestimmung, Graz/Wien/Köln 1989

BAAS, Britta: Erlöse mich aus meiner Angst, Seite 29–31 in: Publik Forum Nr. 8/30.04.2020

BAH, Saidu/IVIL, Laurence/PRAGER, Alicia: Alte Wunden, Seite 3 in: DER TAGESSPIEGEL 23.05.2020

BANAWIRATMA, Johannes Baptista/MÜLLER, Johannes: Kontextuelle Sozialtheologie. Ein indonesisches Modell, Freiburg i. Br. 1993/1995

BANERJEE, Abhijit V./DUFLO, Esther (Aus dem Englischen von Susanne Warmuth): Poor Economics. Plädoyer für ein neues Verständnis von Armut, München 2011/2015

BARROS, Robertha/MELO, Paulo Victor: Die soziale und räumliche Dimension der Pandemie. In Brasilien erkranken und sterben deutlich mehr Bewohner*innen armer Viertel als wohlhabender Bezirke an Covid-19, Seite 42–43 in: ila Ausgabe 435/Mai 2020

BECKER, Uwe: Die Inklusionslüge. Behinderung im flexiblen Kapitalismus, Bielefeld 2015/2(2016)

BEISEL, Karoline Meta/MEILER, Oliver: Zwischen den Welten. Vor Malta sitzen Hunderte Migranten auf Booten fest;... Seite 9 in: SZ 06./07.06.2020

BERGOFFEN, Debra/GILBERT, Paula Ruth/HARVEY, Tamara/McNEELY, Connie L. (Ed.): Confronting Global Gender Justice. Woman's lives, human rights, London/New-York 2011

BERKOVITCH, Nitza/KEMP, Adriana: Economic empowerment of woman as a global project: economic rights in the neo-liberal era, S. 158–179 in: BERGOFFEN/GILBERT u.a. (Ed.), 2011

BERNAU, Patrick: Wir brauchen kein Grund-Einkommen, auch jetzt nicht, 3 Seiten, 13.04.2020 unter: https://www.faz.net/aktuell/wirtschaft/arm-und-reich/bedingungsloses-grundeinkommen... abgerufen am 20.05.2020

BETANCUR, Karin Ceballos/FINGER, Evelyn: Den Amazoniern droht ein Genozid, Seite 56 in: DIE ZEIT 20.05.2020

BIRKEN, Alexander (Im Interview mit Simon Kerbusk): „Wir haben nichts dagegen, wenn weniger gekauft wird", Seite 22 in: DIE ZEIT 29.04.2020

BÖHM, Andrea: Das Ebola der Reichen, Seite 7 in: DIE ZEIT 16.04.2020

DIES.: Südafrika. Die andere Epidemie, Seite 9 in: DIE ZEIT 23.04.2020

DIES./FREHSE, Lea/GREFE, Christian: Tödlicher als das Virus. In vielen Ländern des globalen Südens droht als Folge des Kampfes gegen die Corona-Pandemie eine neue Katastrophe: Eine Hungersnot, Seite 6–7 in: DIE ZEIT 20.05.2020

BÖHME, Christian/DIETERICH, Johannes/SEIBERT, Thomas/TANDLER, Agnes: Neues Leid. Einige von Krisen und Kriegen geplagte Länder gehören zu den Vergessenen…; Seite 2 in: DER TAGESSPIEGEL 23.05.2020

BOHMEYER, Michael/CORNELSEN, Claudia: Was würdest du tun? Wie uns das Bedingungslose Grundeinkommen verändert – Antworten aus der Praxis, 2019

BRAND, Ulrich/WISSEN, Markus: Imperiale Lebensweise. Zur Ausbeutung von Mensch und Natur im globalen Kapitalismus, München 3(2017)

BRANDHORST, Peter: Überwältigende Hilfsbereitschaft, S. 16–17 in: HEMPELS Ausgabe 288 5/2020

BREYHAN, Bärbel: Folgenschwere Zeit für Kinder, 5 Seiten, Mai 2020 ? unter: https://www.sternsinger.de/projekte/coronavirus-grosse-gefahr-fuer-entwicklungslaender abgerufen am 13.05.2020

BÜCHELE, Herwig: Option für die Armen – eine vorrangige Orientierung der katholischen Soziallehre, Seite 107–129 in: BAADTE/RAUSCHER (Hg.), 1989

BUCHTER, Heike: Ein Land stürzt ab, S. 17–18 in: DIE ZEIT 14.05.2020

BURCHARD, Amory/WARNECKE, Tilmann: Engagiert, aber planlos? Aufgaben per Mail, Kontakt nicht zu allen Schülern. Wie funktioniert der Fernunterricht der Schulen?, Seite 19 in: DER TAGESSPIEGEL 07.05.2020

BURGARD, Jan Philipp: USA. Nächstenliebe und Waffenkäufe, 4 Seiten, 26.04.2020 unter: https://www.daserste.de/information/politik-weltgeschehen/weltspiegel/sendung/usa-naechstenliebe-100.html abgerufen am 31.05.2020

BUTTERWEGGE, Christoph: Die politische Repräsentation von Armen und Reichen – ein Problem für die Legitimation der Demokratie?, Seite 27–52 in: LINDEN/THAA (Hg.), 2014

DERS. (Im Interview mit Markus Klöckner): Armutsforscher Butterwegge: „Nötig wäre ein Corona-Soli", 10 Seiten, 07.05.2020 unter: https://www.nachdenkseiten.de/?p=60786 abgerufen am 13.05.2020

DERS.: Die zerrissene Republik. Wirtschaftliche, soziale und politische Ungleichheit in Deutschland, Weinheim/Basel 2020

CASCAIS, Antonio: Hilfsorganisationen befürchten Corona-Kollateralschäden in Afrika, 3 Seiten, 26.05.2020 unter: https://www.dw.com/de/hilfsorganisationen-bef%C3%BCrchten-corona-kollateralsch%C3%A4den-in-afrika/a-53571864 abgerufen am 28.05.2020

DEDERICH, Markus: Anerkennung und Vulnerabilität. Inklusionspädagogische Überlegungen in Anschluss an Butler und Levinas, 11 Seiten in: Zeitschrift für Inklusion-online.net 1/2020 unter: https://www.inklusion-online.net/index.php/inklusion-online/article/download/554/402 abgerufen am 20.03.2020

DEGENER, Theresia/EBERL, Klaus/GRAUMANN, Sigrid/MAAS, Olaf/SCHÄFER, Gerhard K. (Hg.): Menschenrecht Inklusion. 10 Jahre UN-Behindertenrechtskonvention. Bestandsaufnahme und Perspektiven zur Umsetzung in sozialen Diensten und diakonischen Handlungsfeldern, Göttingen 2016

DENKFABRIK – FORUM FÜR MENSCHEN AM RANDE, SOZIALUNTERNEHMEN NEUE ARBEIT gGMBH STUTTGART (Hg.): „Gib mir was, was ich wählen kann." – Demokratie ohne Langzeitarbeitslose. Motive langzeitarbeitsloser Nichtwähler/innen, Köln 2017

DIES. (Hg.): Unerhört! Langzeitarbeitslose Nichtwähler melden sich zu Wort, Stuttgart 2019

DESCAMPS, Philippe/LEBEL, Thierry (Aus dem Französischen von Nicola Liebert): Corona-Schock und Klimapolitik, S. 1 und 8 in: Le Monde diplomatique Mai 2020

DETTMER, Markus/HORNIG, Frank/RAINER, Anton/SCHULZ, Thomas/TRAUFETTER, Gerald/WILLE, Robin: Jung, motiviert, abgehängt, Seite 22–30 in: DER SPIEGEL Nr. 22/23.05.2020

DIETERICH, Johannes: Vergessene Epidemien. Im Schatten der Coronakrise drohen in Afrika altbekannte Infektionskrankheiten wieder aufzuflammen, Seite 5 in: DER TAGESSPIEGEL 11.05.2011

van DIJK, Lutz: Virenangst in den Townships: Südafrika vor dem Coronasturm, Seite 11 in: taz 28.05.2020

DIMBIL, Deqa: „Die Virustoten werden unsere kleinste Sorge sein" (Interview mit Ärztin der SOS-Kinderdörfer in Somalia), 7 Seiten, 10.04.2020 (?) unter: https://www.sos-kinderdoerfer.de/informieren/aktuelles/sos-geschichten/corona-somalia-interview-aerztin abgerufen am 12.04.2020

DORRIES, Bernd: Afrika steht am Abgrund, 6 Seiten, 04.04.2020 unter: https://www.sueddeutsche.de/politik/coronavirus-afrika-1.4865591 abgerufen am 12.04.2020

DERS.: Ganz undiplomatisch, Seite 9 in: SZ 18./19.04.2020

DERS.: „Eher zuversichtlich". In Afrika tun die Regierungen viel, um Corona in den Griff zu kriegen, Seite 2 in: SZ 2./3.05.2020

DULLIEN, Sebastian (Im Interview mit Ulrike Herrmann): „Das ist kein großer Wumms". Das neue Konjunkturpaket wird den Konsum erst mal nicht ankurbeln, sagt der gewerkschaftsnahe Volkswirt S.D.. Er warnt vor einer sozialen Schieflage, Seite 3 in: taz 06./07.06.2020

EBEL, Katharina (SOS-Kinderdörfer): Verlierer der Coronakrise: Mädchen und Frauen. SOS-Kinderdörfer rechnen mit Schulabbrüchen und einer Zunahme von Kinderehen, 6 Seiten, 10.04.2020 unter: https://sos-kinderdoerfer.de/informieren/aktuelles/news/verlierer-der-coronakrise-maedchen-und-frauen abgerufen am 12.04.2020

EDERER, Nora: Biber, Wale und Respekt. Lange ignorierten Forscher das Wissen indigener Gemeinschaften…, Seite 33 in: SZ 9./10.05.2020

EGGERS, Dave (Interview mit Johanna Adorján): D.E. über Wahnsinn, Seite 52 in: SZ 23./24.05.2020

EHMKE, Ellen: Die globale Seuche. Indien: Der große Exodus, Seite 76–79 in: Blätter für deutsche und internationale Politik 5/2020

EICHHORN, Sina: Corona. Bedingungsloses Grundeinkommen. Tausend Euro für alle, 2 Seiten, 29.04.2020 unter: https://www.journal-frankfurt.de/journal_news/Gesellschaft-2/Corona-Bedingungsloses-Grundeinkommen-Tausend-Euro-fuer-alle-35706.html abgerufen am 20.05.2020

EKD (Hg. durch das Kirchenamt): Auf dem Weg zu einer Kirche der Gerechtigkeit und des Friedens. Ein friedenstheologisches Lesebuch, Leipzig 2019

ELDER-VASS, Dave (Aus dem Englischen von Ursel Schäfer und Enrico Heinemann): Profit und Gabe in der digitalen Ökonomie, Hamburg 2016/2018

ELLACURÍA, Ignacio/SOBRINO, Jon (Hg.): Mysterium Liberationis. Grundbegriffe der Theologie der Befreiung, Luzern (Band 1) 1990/1995, (Band 2) 1990/1996

EPD: Nichtregierungsorganisationen fordern Hilfen von Bundesregierung, 2 Seiten, 11.04.2020 unter: https://www.evangelisch.de/inhalte/168658/11-04-2020/nichtregierungsorganisationen-fordern-hilfen-von-bundesregierung abgerufen am 12.04.2020

EURICH, Johannes/LOB-HÜDEPOHL, Andreas (Hg.): Behinderung – Profile inklusiver Theologie, Diakonie und Kirche, Stuttgart 2014

EVELEENS, Ilona: Corona + Heuschreckenplage = schwere Hungersnot, Seite 11 in: taz 22.04.2020

FELDER, Marion/SCHNEIDERS, Katrin: Inklusion Kontrovers. Herausforderungen für die Soziale Arbeit, Schwalbach/Ts. 2016

FINK, Michaela/METZGER, Jonas/ZULAUF, Anne (Hg.): Was wird aus der Hoffnung? Interdisziplinäre Denkanstöße für neue Formen des Miteinanders, Gießen 2019

FRANZEN, Niklas: Brasilien in der Dreifach-Krise. Hohe Covid 19-Opferzahlen, überforderte Politik und soziale Katastrophe, 5 Seiten, 08.04.2020 unter: https://www.rosalux.de/news/id/41945/brasilien-in-der-dreifach-krise?cHash=4ac5581250146c67d22052bfc4a06218 abgerufen am 14.05.2020

FRANZEN, Niklas (Text)/STEDILE, Rafael (Fotos): Von wegen Paradies. Die Bewohner*innen der Favela Paraisopolis in der brasilianischen Metropole São Paulo trifft das Coronavirus besonders hart: Viele haben ihr Einkommen verloren, der Staat schert sich nicht darum...; Seite 4–5 in: taz 16.04.2020

FREITAS, Angélica: Coronakrise spaltet Brasilien. Kampf gegen das Virus, Widerstand gegen Bolsonaro, 4 Seiten, 17.04.2020 unter: https://www.tagespiegel.de/kultur/coronakrise-spaltet-brasilien-kampf-gegen-das-virus-widerstand-gegen-bolsonaro/25747262.html abgerufen am 14.05.2020

FUNKE, Katherine (Aus dem Portugiesischen von Michaela Metz): Wenn uns das Virus nicht tötet, erledigt es die Wut, 4 Seiten, SZ.de 11.05.2020 unter: https://www.sueddeutsche.de/kultur/welt-im-fieber-serie-brasilien-coronavirus-katherine-funke-1.4902927 abgerufen am 14.05.2020

GÄBLER, Bernd: Armutszeugnis. Wie das Fernsehen die Unterschichten vorführt, 80 Seiten, 23.03.2020, OBS-Arbeitspapier 40, Frankfurt am Main 2020

GÄNSLER, Katrin: Corona-Hilfsgelder in Afrika. #Follow COVID19Money, 3 Seiten, 19.04.2020 unter: https://taz.de/Corona-Hilfsgelder in Afrika/!5679582/ abgerufen am 20.04.2020

GATES, Melinda (Interview mit Kathrin Werner): „Ich werde nicht immer den Müll rausbringen". Melinda Gates über die Milliarden, die es braucht, um die Welt vor dem Coronavirus zu retten, ..., Seite 19 in: SZ 2./3.05.2020

GEBAUER, Thomas: Rettungsschirme für die Dritte Welt. Es rächt sich, dass die Weltgesundheit oft Privatinteressen überlassen wurde..., Seite 16–17 in: Publik Forum Dossier „Arbeiten und Leben nach Corona", Mai 2020

DERS./TROJANOW, Ilija: Hilfe? Hilfe! Wege aus der globalen Krise, Frankfurt am Main 2(2018)

GEBREWOLD, Kiflemariam (Evangelische Landeskirche in Baden): Burundi Klein- und Leichtwaffen zur Befeuerung des Konflikts. Zusammenfassung einer vor Ort Recherche, 14 Seiten, 2018 unter: https://www.ekiba.de/html/media/dl.html?i=250298 abgerufen am 25.05.2020

GOEHLER, Adrienne: Nachhaltigkeit braucht Entschleunigung braucht Grundein/auskommen ermöglicht Entschleunigung ermöglicht Nachhaltigkeit, Berlin 2020

DIES./WEIDENFELD, Ursula (Im Gespräch mit Vladimir Balzer): Rückenwind für das bedingungslose Grundeinkommen?, 2 Seiten, 25.04.2020 unter: https://www.deutschlandfunkkultur.de/corona-rueckenwind-fuer-das-bedingungslose-grundeinkommen.970.de.html?dram:article_id=475394 abgerufen am 20.05.2020

GÖPEL, Maja: Unsere Welt neu denken. Eine Einladung, Berlin 6(2020)

DIES./PINZLER, Petra: Natürlich geht es. Diese fünf Argumente wurden stets gegen den Klimaschutz ins Feld geführt. Damit ist nach Corona endgültig Schluss, Seite 5 in: DIE ZEIT 14.05.2020

GÖTZE, Susanne/JOERES, Annika: Es wird wehtun, Seite 17 in: SZ 30.05./31.05./01.06.2020

GRAEN, Amelie: „Seit der Krise haben wir noch mehr Straßenkinder – die jetzt nicht mal mehr Toiletten finden", 3 Seiten, 02.04.2020 unter: https://www.stern.de/familie/strassenkinder-in-der-corona-krise---sie-finden-nicht-mal-mehr-toi letten--9207844.html abgerufen am 13.05.2020

GREFE, Christiane/KOHLENBERG, Kerstin: Angriff auf die WHO. Die Weltgesundheitsorganisation wird zum Spielfeld der Konkurrenz zwischen China und den USA. Ist die Kritik an ihr berechtigt?, Seite 21 in: DIE ZEIT 29.04.2020

GURK, Christoph: Der Höhepunkt kommt erst noch. In Lateinamerika steigen die Corona-Infektionszahlen massiv, Seite 9 in: SZ 23./24.05.2020

GÜTTER, Ruth: Zwischen Klimawandel und ungerechten Welthandelsstrukturen. Plädoyer für die Verknüpfung des Nachhaltigkeits- und Friedensdiskurses, Seite 125–139 in: EKD (Hg.), 2019

HACKER, Jana: Verbraucherverein warnt: Hartz IV Empfängern droht Mangelernährung, 4 Seiten, 05.05.2020 unter: https://www.hartziv.org/news/20200505-verbraucherverein-warnt-hartz-iv-empfaengern-droht-mangelernaehrung.html abgerufen am 06.05.2020

HAGEN, Jeannette: Die leblose Gesellschaft. Warum wir nicht mehr fühlen können, Berlin/München/Zürich/Wien 2016

HAHN, Dorothea: Wenn der Atem versagt. Sie protestieren von New York bis San Francisco. Sie sind nicht alle schwarz ….; Seite 4–5 in: taz 02.06.2020

von HARDENBERG, Nina: Hoffnung Corona. Flüchtlinge, die wegen der Pandemie nicht abgeschoben wurden, sollen laut EU nun bleiben dürfen. Die Bundesregierung will das jedoch verhindern, Seite 8 in: SZ 16./17.05.2020

HARMELING, Günter: Wonach kein Hahn kräht (Die folgenden Informationen sind für Jugendliche unter 16 Jahren nicht geeignet), MS Idstein/Ts. 18.03.2020

HARTMANN, Kathrin: Wir müssen leider draussen bleiben. Die neue Armut in der Konsumgesellschaft, München 2(2012)

DIES.: Aus kontrolliertem Raubbau. Wie Politik und Wirtschaft das Klima anheizen, Natur vernichten und Armut produzieren, München 2015

HARTMANN, Michael: Soziale Ungleichheit – kein Thema für die Eliten?, Frankfurt am Main/New York 2013

DERS.: Die Abgehobenen. Wie die Eliten die Demokratie gefährden, Frankfurt/Main 2018

DERS.: „Sie schotten sich immer mehr ab“, Seite 22–23 in: Publik Forum Nr. 5/08.03.2019

HILGERS, Julian: Mangelhafte Berichterstattung über einen Kontinent. Und nun zum Thema Afrika: Alles sehr schlimm, 3 Seiten, 16.04.2020 unter: https://uebermedien.de/48392/und-nun-zum-thema-afrika-alles-sehr-schlimm/ abgerufen am 4.05.2020

HOHENSCHUE, Thomas: Was tun gegen Einsamkeit? Arbeitslose leiden ohnehin unter Isolation. Die Krise verschärft das…, 3 Seiten, 05.05.2020 Kirchenzeitung Ausgabe 19/2020 unter: https://kirchenzeitung-aachen.de/a-blog/was-tun-gegen-Einsamkeit/ abgerufen am 16.05.2020

HULVERSCHEIDT, Claus/LUDWIG, Kristiana: Zwischen Gut und Böse. Um die Bill-und-Melinda-Gates-Stiftung ranken sich viele Verschwörungstheorien…., Seite 21 in: SZ 30.05./31.05/01.06.2020

HUTH, Martina: Armut macht krank. Soziale Ursachen und Gegenstrategien. Armutspolitischer Hauptstadtkongress 07.07/.08.07.2016. Prof. Dr. Rolf Rosenbrock/Prof. Dr. Gerhard Trabert, 3 Seiten, 19.07.2016 unter: https://www.armutskongress.de/fileadmin/files/Dokumente/160719_Zusammenfassung_Fachforum_Armutmachtkrank_M.Huth.pdf abgerufen am 29.05.2020

I.L.A. Kollektiv: Auf Kosten anderer? Wie die imperiale Lebensweise ein gutes Leben für alle verhindert, München 2017

JAKOB, Christian: Flüchtlinge verzweifeln in Seenot, Seite 10 in: taz 14.04.2020

DERS.: Malta auf der Anklagebank. Seenotretter und Flüchtlinge sind im Mittelmeer Angriffen ausgesetzt …, Seite 2 in: taz 02.06.2020

JANZING, Bernward: „Grünes“ Gold – oder besser gar keines? Die Gewinnung des Edelmetalls ist in der Regel umweltschädlich und gefährdet Menschen…., Seite 31 in: taz 06./07.06.2020

JESKA, Andrea: Bin ich niemand? (…) Eine Reportage über jene, die man sonst nicht sieht, Seite 4–7 in: Schleswig-Holstein am Wochenende Ausgabe 22/Pfingsten 2020

JÖRKE, Dirk: I prefer not to vote, oder vom Sinn und Unsinn des Wählens in der Postdemokratie, Seite 101–119 in: RICHTER/BUCHSTEIN (G.), 2017

JUNG, Alexander/SCHIEßL, Michaela: Letzte Ausfahrt Corona. Umbrüche. Die Pandemie bietet die einmalige Chance, die Wirtschaft radikal umzubauen. Die Bestsellerautorin Maja Göpel und der Politologe Christian Felber haben Konzepte entwickelt, Seite 68–70 in: DER SPIEGEL Nr. 22/23.05.2020

JUNG, Frank: Brücke zwischen den Schuljahren, Seite 5 in: Flensburger Tageblatt 05.06.2020

KAEDING, Michael/PIEPER, Morten/HAUßNER, Stefan: Die soziale Schieflage der Wahlbeteiligung: Politik für die Wählenden, aber nicht für das Volk – die Folgen der sinkenden Wahlbeteiligung (Teil 3/5) in: http://regierungsforschung.de/die-soziale-schieflage-der-wahlbeteiligung-politik-fuer-das-volk-die-folgen-der-sinkenden-wahlbeteiligung-teil-35/ abgerufen am 19.02.2018

KASTEN, Kristin: Kinder in der Krise. Keine Kita, keine Schule, alle zu Hause. Für benachteiligte Familien ist das besonders schwer. Helfer der „Arche“ unterstützen sie mit Spielzeug und Anrufen, Seite 18–19 in: Publik Forum Nr. 8/30.04.2020

KEKERITZ, Uwe: Corona-Krise erfasst Afrika: Jetzt müssen die Schulden gestrichen werden, 3 Seiten, 21.04.2020 unter: https://www.fr.de/meinung/corona-krise-afrika-schuldenfalle-entlastung-13667289.html abgerufen am 23.04.2020

KERN, Friedrich: „Gib mir was, was ich wählen kann.“ Zusammenfassende Thesen zu den Interviews, Seite 46–53 in: DENKFABRIK – FORUM FÜR MENSCHEN AM RANDE, SOZIALUNTERNEHMEN NEUE ARBEIT gGMBH STUTTGART (Hg.), 2017

KESSLER, Wolfgang: Aus der Krise lernen. Aber was?, Seite 3–5 in: Publik Forum Dossier „Arbeiten und Leben nach Corona“, Mai 2020a

DERS.: Gerechter in die Zukunft. Kann ein Grundeinkommen helfen?, Seite 7 in: Publik Forum Dossier „Arbeiten und Leben nach Corona“, Mai 2020b

DERS.: Die Geier warten schon, Seite 6–7 in: Publik Forum Dossier „Arbeiten und Leben nach Corona“, Mai 2020c

KLAS, Gerhard: Banaler Neoliberalismus ist Trumpf, Seite 22–23 in: Publik Forum Nr. 23/2019

KLEIN, Naomi (Aus dem amerikanischen Englisch von Gabriele Gockel/Sonja Schuhmacher/Barbara Steckhan): Warum nur ein Green New Deal unseren Planeten retten kann, Hamburg 2019

KLINGST, Martin: Fünf vor acht/ US-Gesundheitssystem. Das Coronavirus offenbart ein gespaltenes Land, 4 Seiten, 20.04.2020 unter: https://www.zeit.de/politik/ausland/2020-04/us-gesundheitssystem-joe-biden-coronavirus-armut-obamacare abgerufen am 14.05.2020

KLÖCKNER, Marcus: Armut: Homeschooling offenbart die Risse in der Gesellschaft, 4 Seiten, 03.05.2020 unter: https://www.nachdenkseiten.de/?p=60621 abgerufen am 13.05.2020

KOCH, Hannes: Schub fürs Grundeinkommen, Seite 6 in: taz 28.04.2020

DERS.: Die große Entschleunigung wäre möglich. Die Coronakrise hat die Diskussion über ein bedingungsloses Grundeinkommen befeuert. Die Befürworterin Adrienne Goehler beleuchtet die Verbindung zur ökologischen Transformation, Seite 15 in: taz 23./24.05.2020

KOESTER, Elsa: Heldinnenlohn. Gleichheit. Die Pandemie schärft das Bewusstsein dafür, wie wichtig weibliche Arbeit ist…, Seite 6 in: der Freitag Nr. 23/04.06.2020

KRAUSE, Joachim/LURZ, Alexander (Streitgespräch moderiert durch Andrea Böhm und Hauke Friederichs): Waffen für den Frieden?, Seite 10 in: DIE ZEIT 20.05.2020

KRUCHEM, Thomas: Unabhängigkeit der Weltgesundheitsorganisation gefährdet. Was gesund ist, bestimmt Bill Gates, 12 Seiten, 17.07.2018 unter: https://www.deutschlandfunkkultur.de/unabhaengigkeit-der-weltgesundheitsorganisation-gefaehrdet.976.de.html?dram:article_id=423076 abgerufen am 30.04.2020

KUMIRA, Philipp: Realisierbare Hoffnung? Neue sozialstaatliche Antworten auf die wachsende gesellschaftliche Desintegration, S. 163–170 in: FINK/METZGER/ZULAUF (Hg.), 2019

LEHMANN, Anna: Kein Laptop für Adil. Kinder aus Hartz-IV-Familien haben in Zeiten geschlossener Schulen Schwierigkeiten, am Homeschooling teilzunehmen ...., Seite 2 in: taz 14.04.2020

DIES.: Laptops für alle. Das nächste Schuljahr wird wohl ein Heimspiel. Bund stellt 500 Millionen Euro für Laptops bereit, Seite 7 in: taz 16./17.05.2020

LEHMANN, Anna/KUTTER, Kaija: SchülerInnen erhalten Laptops. Der digitale Schulunterricht bleibt die Regel ..., Seite 6 in: taz 23.04.2020

LENZ, Ramona/STAROSTA, Anita: Die Vergessenen der Coronakrise: Flüchtlinge an Europas Grenzen, Seite 13–16 in: Blätter für deutsche und internationale Politik Mai 2020

LESSENICH, Stephan: Neben uns die Sintflut. Wie wir auf Kosten anderer leben, München 2018

LILIE, Ulrich: Unerhört! Diese Nichtwähler, Seite 155–158 in: DENKFABRIK – FORUM FÜR MENSCHEN AM RANDE, SOZIALUNTERNEHMEN NEUE ARBEIT gGMBH STUTTGART (Hg.), 2019

LINDEN, Markus/THAA, Winfried (Hg.): Ungleichheit und politische Repräsentation, Baden-Baden 2014

LOBENSTEIN, Caterina: Pandemie, ganz unten. Wer schützt die Schutzlosen vor Corona? Freiwillige, nicht der Staat. Unterwegs mit einem Arzt, der die Armen versorgt, Seite 4 in: DIE ZEIT 07.05.2020

LORENZ, Katharina (Im Interview mit Teresa Wolny): „Das ist gerade ein absoluter Rutsch". Das Kurzarbeitergeld soll Entlassungen vermeiden. Doch für einige Betroffene ist es schwierig, mit dem Verdienstausfall zurechtzukommen, Seite 47 in: taz 30.05/31.05/01.06.2020

LUDWIG, Kristiana/REUSS, Anna: 100 Beatmungsgeräte für 200 Millionen Menschen. Die Länder Afrikas sind kaum auf die Corona-Pandemie vorbereitet. Entwicklungshilfeminister Gerd Müller tut sich mit der richtigen Hilfe schwer, Seite 8 in: SZ 25./26.04.2020

MAAZ, Hans-Joachim: Die narzisstische Gesellschaft. Ein Psychogramm, München 2012

MACHEROUX-DENAULT, Nicole: Afrika stemmt sich gegen das Corona-Sterben, 5 Seiten, 10.04.2020 unter: https://www.n-tv.de/panorama/Afrika-stemmt-sich-gegen-das-Corona-Sterben-article21706687.html abgerufen am 12.04.2020

MÄNGEL, Annett: Corona: Die ignorierten Armen, Seite 9–12 in: Blätter für deutsche und internationale Politik Juni 2020

MARUSCZYK, Ivo: Corona-Pandemie. Brasiliens Krankenhäuser vor Kollaps, 3 Seiten, 23.04.2020 unter: https://www.tagesschau.de/ausland/brasilien-coronakrise-101.html abgerufen am 14.05.2020

MAUSFELD, Rainer: Angst und Macht. Herrschaftstechniken der Angsterzeugung in kapitalistischen Demokratien, Frankfurt/Main 2(2019)

MAYER, Karoline (mit Angela Krumpen): Das Geheimnis ist immer die Liebe. In den Slums von Chile, Freiburg im Breisgau 2006

MAYROTH, Natalie: Das Virus, der Hunger, die Furcht …., Seite 4–5 in: taz 27.04.2020

MDR.DE: Ländlicher Raum. Isoliert durch die Armut, 3 Seiten, 08.04.2020 unter: https://www.mdr.de/nachrichten/politik/gesellschaft/armut-land-corona-virus-100.html abgerufen am 13.05.2020

DERS.: Soziale Isolation schädigt psychische Gesundheit, 3 Seiten, 08.05.2020 unter: https://www.mdr.de/wissen/psychische-folgen-corona-kontaktbeschraenkung-social-distancing-100.html abgerufen am 16.05.2020

MEGGERS, Georg (Text)/NEUBERT, Cathrina/WERNER, Peter/KRAUTWALD, Heidi (Fotos): Immer ein offenes Fenster, Seite 12–14 in: HEMPELS Ausgabe 288 5/2020

MIERZWA, Roland: „Option für die Armen" angesichts der Globalisierung. Der Konsultationsprozess der deutschen Kirchen zu wirtschaftlichen und sozialen Fragen, Norderstedt 2016a

DERS.: Menschsein unter Mitmenschen. Strukturelemente einer Theorie der Solidarität, Erkelenz 2017

DERS.: Die Realität von Hartz IV. Gegenwart und nachhaltige Perspektiven des Umgangs mit Armut, Baden-Baden 2018

DERS.: Demokratie und Zivilgesellschaft, Baden-Baden, 2018b

DERS.: Befreiungstheologie für Kinder. Solidarisch auf der Suche nach einem guten Leben, Baden-Baden 2019

DERS.: Religionsloses Christentum, Kiel 2(2019)b

DERS.: Empathische Ethik. Ein Entwurf für die Post-Corona-Zeit, Baden-Baden 2020a

DERS.: Eine comprehensive Ethik. Eine Ethik aus der Corona-Zeit für die Post-Corona-Zeit, Berlin/Münster 2020b

DERS.: Strukturelle Gewalt überwinden. Mit der Reich Gottes-Theologie auf dem Weg zu einer geschwisterlichen Gesellschaft, Baden-Baden 2020c

MOGGE-GROTJAHN, Hildegard: Intersektionalität: theoretische Perspektiven und konzeptionelle Schlussfolgerungen, S. 140–156 in: DEGENER u.a. (Hg.), 2016

MONATH, Hans: Jetzt auch Afrika. Verzögert hat das Coronavirus den Kontinent erreicht…, Seite 4 in: DER TAGESSPIEGEL 23.04.2020

MÜCKE, Peter: Erst das Virus, dann die Armut, 2 Seiten, 06.05.2020 unter: https://www.tagesschau.de/ausland/new-york-armut-101.html abgerufen am 14.05.2020

MWANGA, Jacques Nzumbu (Im Interview mit Peter Seidel): „Der Boom der E-Autos kommt hier nicht an", Seite 24–25 in: Publik Forum Nr. 7/10.04.2020

NANCY, Jean-Luc (Im Interview mit Astrid Kaminski): „Der Körper als Seele, die Seele als Körper!", Seite 15–16 in: taz 25.05.2020

NDAYAMBAJE, Emmanuel: Würde der Armen. Gerechtigkeits- und solidaritätstheoretische Überlegungen zur Armutsbekämpfung am Beispiel Ruandas, Paderborn 2019

NASS, Elmar: Kraft, die Zukunft für sich in Anspruch nimmt. Für eine mutige Entscheidungskultur im Umgang mit sozialethischen Dilemmata der Corona-Krise (Positionspapier aus dem Ethikinstitut der Wilhelm Löhe Hochschule Fürth), 28 Seiten, Mai 2020 unter: https://www.wlh-fuerth.de/fileadmin/user_upload/WLE_Positionspapier_Mai_2020.pdf abgerufen am 03.06.2020

NEHLS, Anja: Die Letzten auf der Straße, 9 Seiten, 27.03.2020 unter: https://www.deutschlandfunk.de/obdachlose-in-der-coronakrise-die-letzten-auf-der-strasse.724.de.html?dram:article_id=473480 abgerufen am 13.05.2020

NOTHELLE-WILDFEUER, Ursula/SCHMITT, Lukas: Solidarität in der Corona-Gesellschaft, 13 Seiten, Grüne Reihe Nr. 470/Mai 2020 unter: https://www.gruene-reihe.eu/artikel/solidaritaet-in-der-corona-gesellschaft/ abgerufen am 03.06.2020

NUSSBAUM, Martha (Aus dem Englischen von Manfred Weltecke): Königreich der Angst. Gedanken zur aktuellen politischen Krise, Darmstadt 2019

OHNE RÜSTUNG LEBEN: Corona-Friedenstagebuch (6): Mit privaten Schusswaffen gegen die Pandemie?, 5 Seiten, 08.05.2020 unter: https://www.ohne-ruestung-leben.de/nachrichten/article/corona-friedens-tagebuch-6-usa-mit-privaten-schusswaffen-gegen-die-pandemie-365.html abgerufen am 31.05.2020

DIES.: Corona-Friedenstagebuch (9): Die Schwächsten vor den Folgen der Krise schützen, 4 Seiten, 29.05.2020 unter: https://www.ohne-ruestung-leben.de/nachrichten/article/corona-friedens-tagebuch-9-weltweiter-hunger-die-schwaechsten-vor-den-folgen-der-krise-schuetzen.html abgerufen am 31.05.2020

OTTO, Jeannette/FÜLLER, Christian/REITER, Anja: Sie haben nur noch sich. Wenig Unterstützung, kein Platz zum Lernen und oft nicht einmal WLAN: Kinder aus sozial schwachen Familien leiden unter den Schulschließungen besonders stark …, Seite 31 in: DIE ZEIT 20.05.2020

OXFAM: Dignity not destitution. An 'Economic Rescue Plan For All' to tackle the Coronavirus crisis and rebuild a more equal world, 18 Seiten, 09.04.2020

PAASCH, Armin/SAAGE-MAAß, Miriam: Lieferketten unter Corona: Den Letzten beißen die Hunde, Seite 17–20 in: Blätter für deutsche und internationale Politik Mai 2020

PEDUTO, Alessandro: Bundesregierung erwartet deutlich mehr Hartz-IV-Empfänger, 3 Seiten, 6.05.2020 unter: https://www.morgenpost.de/politik/inland/article229053165/Bundesregierung-erwartet-deutlich-mehr-Hartz-IV-Empfaenger.html abgerufen am 06.05.2020

PERRAS, Arne: Die wahre Katastrophe, Seite 5 in: SZ 23./24.05.2020

PETERMANN, Anke: Wählen? – Nein, Danke! Keine Wahl im abgehängten Asternweg, 21.08.2017 in: http://www.deutschlandfunkkultur.de/waehlen-nein-danke-keine-wahl-im-abgehaengten-asternweg.1001.de.html?dram:article_id=393962 abgerufen am 19.02.2018

PITZKE, Marc/SANDBERG, Britta/SCHAAP, Fritz/SCHINDLER, Jörg: Das Armutszeugnis. Ungleichheit. Das Virus trifft weltweit auf geschwächte Gesellschaften, ihre Vorerkrankung: eine tiefe Kluft zwischen Arm und Reich…., Seite 86–91 in: DER SPIEGEL Nr. 23/30.05.2020

RÉJON, Francisco Moreno: Fundamentalmoral in der Theologie der Befreiung, Seite 263–276 in: ELLACURÍA/SOBRINO (Hg.), (Band 1), 1990/1995

RICHTER, Hedwig/BUCHSTEIN, Hubertus (Hg.): Kultur und Praxis der Wahlen. Eine Geschichte der modernen Demokratie, Wiesbaden 2017

RINGELSTEIN, Ronja: Mehr Gewalt gegen Frauen. Die Zahl der Notrufe hat in der Coronakrise zugenommen…, Seite 10 in: DER TAGESSPIEGEL 11.05.2020

ROY, Arundhati (Im Interview mit Tobias Matern): „Sie werden behandelt wie Abwasser", Seite 11 in: SZ 14.04.2020

RUDZIO, Kolja: Richtig helfen. Mit Abwrackprämien, Corona-Schecks und Gutscheinen soll die Wirtschaft wieder in Schwung kommen. Die Frage ist, ob das funktioniert, Seite 20 in: DIE ZEIT 07.05.2020

SCHÄFER, Armin: Der Verlust politischer Gleichheit. Warum ungleiche Beteiligung der Demokratie schadet, Seite 547–566 in: ARMINGEON (Hg.), 2013

DERS. (Interview): Wahlen, Wahlbeteiligung und die Zukunft von Demokratie, Seite 55–63 in: KULEßA, Peter (Hg): Land im Stress. Herausforderungen für sozialen Zusammenhalt und Demokratie in Deutschland, Weinheim/Basel 2016

SCHÄFER, Juli: Wo nicht das Homeoffice das größte Problem ist, sondern das nackte Überleben, 7 Seiten, 16.04.2020 unter: https://www.tagesspiegel.de/themen/reportage/bevor-wir-an-corona-sterben-verhunge... abgerufen am 14.05.2020

SCHAIBLE, Jonas: Öko und Sozial. Bewegungen. Die Aktivisten von „Fridays for Future" suchen die Nähe zu den Gewerkschaften, Seite 32–33 in: DER SPIEGEL Nr. 23/30.05.2020

SCHÄPER, Sabine: Inklusive Kirche – Kirche der Andersheiten?, Seite 54–66 in: EURICH/LOB-HÜDEPOHL (Hg.), 2014

SCHÄUBLE, Juliane: Millionen hungern in den USA – Food Banks müssen Lebensmittel verteilen, 3 Seiten, 11.05.2020 unter: https://www.tagesspiegel.de/politik/coronakrise-verschaerft-die-armut-millionen-hungern-in-den-usa-food-banks-muessen-lebensmittel-verteilen/25819798.html abgerufen am 14.05.2020

SCHEFFER, Ulrike: Schon wieder in der Schuldenfalle. Die Finanzwirtschaft, China, Klima und Corona treiben viele Staaten des Südens immer tiefer in den Ruin…., Seite 24–25 in: Publik Forum Nr. 8/30.04.2020

SCHLINDWEIN, Simone: Die globale Seuche. Afrika: Die zweifache Katastrophe, Seite 71–75 in: Blätter für deutsche und internationale Politik 5/2020

DIES.: Virtuelles Afrika. Ruanda bietet Gorillabesuche per Virtual Reality, um auch in Corona-Zeiten seine touristische Attraktivität zu zeigen, Seite 36 in: taz 30.05/31.05./01.06.2020

SCHREDLE, Minh: Katastrophe mit Ansage. Mehr als die Hälfte der Geflüchteten in Ellwangen ist inzwischen positiv auf Corona getestet. Die Schutzmaßnahmen der Behörden zeigen wenig Wirkung…, Seite 1 in: Kontext: Wochenzeitung Ausgabe 473/25.04.2020

SCHULTHEIS, Franz: Keine Wahl: Wenn langzeitarbeitslose Mitbürger der Demokratie den Rücken kehren, Seite 9–22 in: DENKFABRIK – FORUM FÜR MENSCHEN AM RANDE, SOZIALUNTERNEHMEN NEUE ARBEIT gGMBH STUTTGART (Hg.), 2017

SCHUMACHER, Win: Am Ende kommen Hyänen. Die Covid-19-Pandemie trifft Afrika Safari-Industrie mit voller Wucht – und mit ihr die Schutzgebiete und umliegende Dorfgemeinschaften, S. 4–7 in: Schleswig-Holstein am Wochenende Nr. 16/18./19.04.2020

SCHWAKE, David: Sonderpressespiegel. Covid-19 in Afrika, 4 Seiten, 21.04.2020 (Deutsche Afrika Stiftung e.V., Ziegelstraße 30, 10117 Berlin)

SCHWAN, Severin (Im Video-Gespräch mit Ingo Malcher und Claas Tatje): „Puh, das ist ehrgeizig“. Severin Schwan, Chef des Pharmakonzerns Roche, über die Entwicklung von Corona-Tests und -Impfstoffen, Seite 21 in: DIE ZEIT 07.05.2020

SCHWARTE, Georg: Müller warnt vor „Hunger-Pandemie“, 27.04.2020 (19:47 Uhr) unter: https://www.tagesschau.de/ausland/entwicklungsminister-mueller-corona-hunger-101.html abgerufen am 30.04.2020

SCHWIKOWSKI, Martina: Corona-Krise: Wie kann Afrikas Gesundheitspersonal besser geschützt werden?, 4 Seiten, 08.05.2020 unter: https://www.dw.com/de/corona-krise-wie-kann-afrikas-gesundheitspersonal-besser-gesch%C3%BCtzt-werden/a-53351354 abgerufen am 10.05.2020

SENKBEIL, Christine: Wegschauen ist keine Alternative. Flüchtlingsbeauftragte fordern mehr Sorge um Schutzsuchende, Seite 4–5 in: Evangelische Zeitung für Schleswig-Holstein Nr. 21/24.05.2020

SHAFY, Samiha: Nur ich, allein. Psychologie. Die Pandemie zwingt viele Menschen in Isolation und Einsamkeit. Und die ist ansteckend, macht krank – und kann sogar töten, Seite 116–118 in: DER SPIEGEL NR. 21/16.05.2020

SEIDEL, Stefan: Für eine Kultur der Anerkennung. Beiträge und Hemmnisse der Religion, Würzburg 2018

SOUZA, Jessé (Aus dem Portugiesischen von Michael Kegler): Die globale Seuche. Brasilien: Rassismus in der Pandemie, Seite 80–83 in: Blätter für deutsche und internationale Politik 5/2020

STEG, Joris: Normale Anomalie. Die Coronakrise als Zäsur und Chance, Seite 71–79 in: Blätter für deutsche und internationale Politik Juni 2020

STEPHAN, Felix: Ausweitung der Profitzone: Die grassierende Arbeitslosigkeit in den USA treibt immer mehr junge Frauen dazu, Nacktbilder von sich zu verkaufen, Seite 1 in: SZ 23./24.05.2020

STÖR, Christian/ZIEGELE, Marvin/EISELER, Valerie: Mehr as 800 Corona-Tote in Brasielien in 24 Stunden, 20 Seiten, 13.05.2020 unter: https://www.fr.de/politik/brasilien-mehr-corona-tote-brasilien-stunden-13642304.html abgerufen am 14.05.2020

SUESS, Paulo (Im Interview mit KNA): „Die Regierung agiert am Rande der Legalität“, 3 Seiten, 27.05.2020 unter: https://www.domradio.de/themen/kirche-und-politik/2020-05-27/die-regierung-agiert-am-rande-der-legalitaet-befreiungstheologie-ueber-bolsonaros-politik-gegen abgerufen am 03.06.2020

SUSIN, Luis Carlos/HAMMES, Érico João (Im Interview): Kehrt die Theologie der Befreiung nach Aparecida zu ihren Fundamenten zurück?, Seite 105–119 in: WECKEL (Hg.), 2011

TAYLOR, Keeanga-Yamahtta (Aus dem Englischen von Harald Eckhoff): Explosion der Wut. Die Protestwelle, die die USA nach dem Tod von George Floyd erschüttert, ist mehr als eine Reaktion auf Polizeigewalt, Seite 11 in: taz 06./07.06.2020

TERTELMANN, Martin: Den Abgehängten eine Stimme geben und sie beteiligen. Langzeitarbeitslose Forscher sind die tragende Säule dieser Studie, Seite 23–32 in: DENKFABRIK – FORUM FÜR MENSCHEN AM RANDE, SOZIALUNTERNEHMEN NEUE ARBEIT gGMBH STUTTGART (Hg.), 2017

TERTILT, Michèle (Im Gespräch mit Ulrike Baureithel): „Es wird mehr moderne Paare geben als bisher“. Im Gespräch. Jobs von Frauen hat die Corona-Krise besonders hart getroffen…; Seite 7 in: der Freitag 04.06.2020

TEUPKE, Andrea: Rettet die Leselust. Jedes Kind kann lesen lernen. Denkt man. Doch es steht nicht gut um die wichtigste Kulturtechnik – und das liegt nicht nur an der Schule, Seite 38–41 in: Publik Forum Nr. 19/2019

THOMAS, Severine (Im Gespräch mit Jeannette Otto): „Nie hab ich mich so ohnmächtig gefühlt". Angst vor der Zukunft, Schulfrust, Einsamkeit: Die erste große Befragung von Jugendlichen in der Pandemie zeigt, wie stark sie die Situation belastet – ein Gespräch über die Ergebnisse mit der Sozialforscherin S.T., Seite 30 in: DIE ZEIT 14.05.2020

ULRICH, Bernd: Die desinfizierte Gesellschaft. Corona für immer: Wie wir uns vor zukünftigen Pandemien schützen können, ohne unsere Freiheiten einzubüßen, Seite 3 in: DIE ZEIT 20.05.2020

UNICEF (nach dpa): Unicef warnt vor globaler Katastrophe für Kinder, 2 Seiten, 13.04.2020 unter: https://www.greenpeace-magazin.de/ticker/unicef-warnt-vor-globaler-katastrophe-fuer-kinder-0 abgerufen am 14.04.2020

VEHRKAMP, Robert: Neue Schätzungen zur Wahlbeteiligung sozialer Milieus bei der Bundestagswahl 2013, Seite 44–47 in: WZB Mitteilungen, Heft 149, September 2015

DERS.: Sozial gespaltene Demokratie, 24. Februar 2016 in: https://www.boell.de/de/2016/02/24/sozial-gespaltene-demokratie abgerufen am 19.02.2018

VELIMSKY, Jan: Soziale Selektivität von politischer Partizipation: Ein Überblick über den Forschungsstand, Seite 34–45 in: DENKFABRIK – FORUM FÜR MENSCHEN AM RANDE, SOZIALUNTERNEHMEN NEUE ARBEIT gGMBH STUTTGART (Hg.), 2017

WAIBEL, Ambros: Wir modernen Väter. In einer fernen Zukunft wird die geschlechtliche Arbeitsteilung abgeschafft, denn Droiden übernehmen die Care-Arbeit…, Seite 13 in: taz 05.06.2020

WALTER, Jan D.: Corona-Chaos. Ist Brasilien das neue Epizentrum der Pandemie?, 4 Seiten, 13.05.2020 unter: https://www.dw.com/de/corona-chaos-ist-brasilien-das-neue-epizentrum-der-pandemie/a-53419196 abgerufen am 14.05.2020

WALTHER, Danny: Obdachlose besonders von Corona-Krise betroffen, 8 Seiten, 06.04.2020 unter: https://www.mdr.de/wissen/obdachlose-besonders-von-corona-krise-betroffen100.html abgerufen am 13.05.2020

WASILEWSKI, Thomas (Im Interview mit Marcus Klöckner): Corona und Benachteiligung – Computer dringend benötigt: „Homeschooling ist für meine Söhne zu einem Wettbewerb des Unmöglichen geworden", 6 Seiten, 30.04.2020 unter: https://www.nachdenkseiten.de/?p=60604 abgerufen am 13.05.2020

WECKEL, Ludger (Hg.): Die Armen und ihr Ort in der Theologie, 165 Seiten, Münster (Westf.) 3(2011) unter: https://www.itpol.de/wp-content/uploads/2014/11/DieArmenundihrOrtinderTheologie.pdf abgerufen am 05.09.2019

WIEDEMANN, Carolin: Kinder, Küche, Corona. Der Mann als Wissenschaftler, die Frau als Kinderbetreuerin, …, Seite 19 in: DER TAGESSPIEGEL 29.04.2020

WIMALASENA, Jörg: Pistolen gegen Viren. Die Waffenverkäufe steigen in den USA mitten in der Coronavirus-Krise stark an…., 6 Seiten, 06.04.2020 unter: https://www.zeit.de/politik/ausland/2020-04/waffenverkaeufe-usa-coronavirus-krise-angst abgerufen am 31.05.2020

www.labournet.de (04.05.2020): unter: https://www.labournet.de/politik/erwerbslos/alosalltag/mindestens-bevorratungszuschuss-zu-hartz-iv-als-soforthilfe/ abgerufen am 06.05.2020

WOJCZENKO, Katharina: Wenn die Bagger kommen. Mitten in der Coronapandemie lässt die Stadtverwaltung von Bogotá Häuser in Armenvierteln an den Hängen von Kolumbiens Hauptstadt abreißen. Die Bewohner*innen wissen nicht, wo sie hinsollen …., Seite 11 in: taz 26.05.2020

ZILLA, Claudia (Im Gespräch mit Silvia Engels): Brasilien, Bolsonaro und das Coronavirus. „Zustimmung steigt, wenn Schutzmaßnahmen verhängt werden“, 5 Seiten, 30.04.2020 unter: https://www.deutschlandfunk.de/brasilien-bolsonaro-und-das-coronavirus-zustimmung-steigt.694.de.html?dram:article_id=475750 abgerufen am 14.05.2020

Danksagung

Die Ermöglichung des Computer-Arbeitsplatzes durch die ev.-luth. Diakoniegemeinschaft zu Flensburg mit der Möglichkeit zur Internetrecherche und dem Ausdruck von Dokumenten aus dem Internet (über Oberin Sr. Hannelore Balg) machte diese Studie ganz wesentlich möglich.

Die Diskussion innerhalb des Netzwerkes des Internationalen Versöhnungsbundes - Deutscher Zweig trug nicht nur zu mehr Klarheit bei der Quellenlage bei - auch wurden mir bisher unbekannte Quellen in erheblichen Umfang zugänglich gemacht.

Dadurch dass ich als Kunde bei der Flensburger Tafel erheblich beim Lebensmitteleinkauf einspare, konnte ich in großem Umfang Zeitungen und Zeitschriften kaufen. Sr. Hannelore Balg stellte mir über einige Wochen die „taz“ zur Verfügung, Susanne Friederichsen gelesene „Publik Forum“ und Lore Michaelis die Wochenzeitung „DIE ZEIT“.

Zeitfracht Medien GmbH
Ferdinand-Jühlke-Straße 7
99095 Erfurt, Deutschland
produktsicherheit@kolibri360.de